세계적인 마술사 최현우의

러브매직

세계적인 마술사 최현우의 러브 매직

지은이 최현우
펴낸이 안용백
펴낸곳 (주)넥서스

초판 1쇄 발행 2011년 11월 30일
초판 16쇄 발행 2015년 5월 10일

출판신고 1992년 4월 3일 제311-2002-2호
121-893 서울특별시 마포구 양화로 8길 24
Tel (02)330-5500 Fax (02)330-5555
ISBN 978-89-5797-940-2 13690

www.nexusbook.com
넥서스BOOKS는 (주)넥서스의 실용 브랜드입니다.

세계적인 **마술사**
최현우의

러브매직

넥서스BOOKS

Love is magic

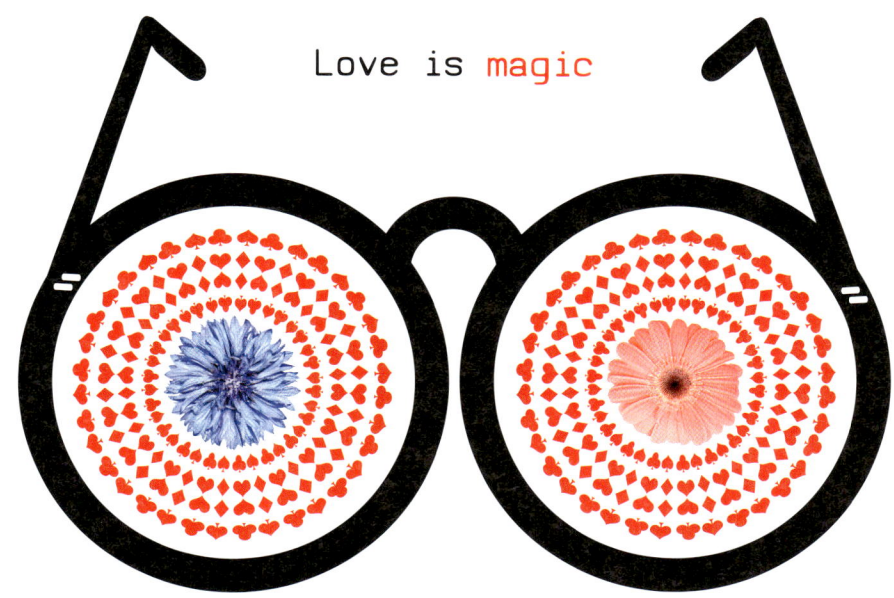

예술의 시작은 사랑 때문이다.

♥ 많은 프로마술사에게 마술을 시작하게 된 동기를 물어보면 의외로 사랑하는 또는 사랑하고 싶은 여자를 위해, 혹은 사람들의 마음을 얻기 위해서였다고 대답합니다. 이는 마술사뿐만이 아니겠지요. 예술의 시작은 사랑 때문이라는 피카소의 말처럼 대부분의 예술가는 '사랑' 때문에 자신의 재능을 알아채곤 합니다.

♥ 고등학교 시절, 작은 키와 앳된 얼굴 때문에 저는 이성 친구들에게 인기가 없었습니다. 뿐만 아니라 남 앞에서는 부끄러워 말도 잘하지 못했습니다. 그렇다고 춤이나 노래에 재능이 있었던 것도 아니었지요. 그저 인기를 얻고 싶어 남과는 다른 저만의 취미를 찾았는데, 이것이 제 마술의 시작이었습니다. 취미로 시작한 마술이 제 말문을 조금씩 열어 주었고 성격도 180° 바뀌게 되었습니다. 친구들은 저를 신기하게 바라보았고, 제 마술을 즐기며 좋아해 주었습니다. 덕분에 어디를 가든 자신감을 얻게 되었습니다. 그리고 그 자신감은 저를 무대 위로 올려 주었습니다. 차츰 단순히 친구들과 즐기는 마술이 아닌 많은 사람에게 행복감과 즐거움을 가져다줄 수 있는 '매직 쇼'를 선보이고 싶었습니다. 그리고 그 꿈을 이루게 되었습니다. 누구나 보고 즐길 수 있는 무대 위에서 마술을 할 수 있는 사람, 바로 '마술사'가 된 것입니다.

♥ 저는 요즘 트위터를 하며 많은 팬과 이야기를 나누고 있습니다. 그런데 많은 사람이 "마술을 배우고 싶은데 제대로 배우려면 어떻게 해야 하나요?" 하는 질문을 합니다. 요즘 인터넷에 '마술'이라는 두 글자만 입력하면 수많은 정보를 쉽게 얻을 수 있습니다. 하지만 인터넷에 노출된 정보 중에는 거짓된 트릭, 검증되지 않은 해법들이 가득합니다. 수많은 정보 속에서 여러분이 진짜로 궁금해하는 것, 진짜로 알고 싶은 것은 장담컨대, 아마도 찾기 힘들 것입니다. 그래서 제게 이런 질문을 많이 하는 것이 아닐까 생각합니다.

♥ 마술에 관한 정보라고는 오로지 책밖에 없던 시절에 번역된 일본 마술 책으로 마술을 배우려고 했던 기억이 납니다. 이해하기 어려운 내용 때문에 배우기가 여간 힘든 게 아니었지만 몇 날 며칠을 책과 씨름하며 마술을 하나하나 익히려고 무던히도 애를 썼습니다. 그렇게 어렵게 익힌 마술을 가족 앞에서 선보일 때 숨겨 놓은 동전이 떨어져 가족들에게 한바탕 큰 웃음을 주기도 했습니다.

♥ 이 책은 마술을 취미로 시작했을 때의 저를 떠올리며 만든 책입니다. 제가 실생활에서 자주 쓰는 마술만 모아 놓아 어쩌면 제가 간단한 모임에서 선보이던 마술들을 몽땅 바꿔야 할지도 모릅니다. 단, 이 책을 찾는 사람이 많아진다면이라는 조건이 붙어야겠죠?

♥ 어린 친구부터 나이 많은 어르신까지 저를 좋아해 주시고 무엇보다 저의 마술을 사랑해 주시는 분들께 늘 감사하게 생각하고 있습니다. 지나치게 소극적이어서 남 앞에서 말 한마디 못했던 제가 이렇게 많은 사람의 사랑을 받으며 살 수 있으리라고는 사실 상상도 못했습니다. 누구를 사랑하고, 누구에게 사랑받을 수 있다는 것이 얼마나 행복하고 감사한 일인가를 배웠습니다. 이것이야말로 제 인생에 있어 가장 큰 마법이 아닐까 생각합니다.

♥ 이 책의 마술로 누군가는 사랑에 성공하고, 또 누군가는 성격이 바뀌어 회사에서 활력소 역할을 하는 직장인이 될 수도 있을 것입니다. 어쩌면 제2의 최현우가 될 수도 있겠지요?

♥ '마술'이 당신에게 훌륭한 '인연'을 선물할 것입니다. 그리고 마법 같은 사랑으로 1년 365일 행복해지시길 바랍니다.

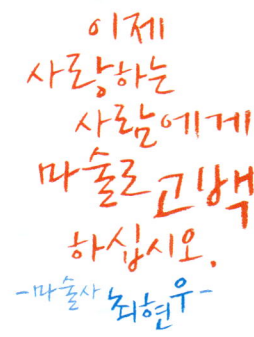

이제 사랑하는 사람에게 마술로 고백 하십시오.
-마술사 최현우-

Magic
COMTEMTS

4 In Park

야외에서는 즐겁게!
그녀가 지루할 틈을 주지 마라!

5 In Party

그녀와 함께하는 신나는 파티
그녀의 기분을 '업'시켜라!

6 In Restaurant

행복한 그녀와의 오후 만찬!
당신만을 위한 특별쇼

7 Cell-phone

8 In Café II

9 In Theater

10 In Club

11 Propose

 5분 만에 배운다!
초간단 마술

1

로맨틱 마술의 시작

기초를 다지자!

Episode #1

‘Magic 人’ 회원을 모집합니다.
마술 같은 일탈을 꿈꾸십니까?!

어느 날. 취미나 특기에 대해 한 번도 고민해 본 적 없는

민섭의 눈에 광고 하나가 들어왔다.

Magic…….

하는 사람도 보는 사람도 서로에게 얼마나 집중하느냐에 따라

성패가 좌우되는 일종의 ‘쇼’.

간단한 트릭 하나로 사람들의 시선을 잡을 수 있다는 말은

민섭의 눈과 마음을 사로잡기에 충분했다.

이후 그의 취미와 특기는 자연스럽게 마술이 되었고

배울수록 그 매력에 점점 빠져들었다.

간단한 마술에도 주위 사람들이 어찌나 신기해하는지…….

이제는 제법 자신감이 붙어 여러 사람 앞에서도

능숙하게 몇 가지 마술을 보여 줄 수 있게 되었다.

하지만 마술 덕에 인기남이 된 그에게 요즘 한 가지 아쉬운 것이 있다.

그 마술들을 보여 줄 여자친구가 없다는 사실.

당장에라도 여자친구가 생기면 멋지게 선보일 마술이

너무나 많은데 말이다.

좋은 기회는 우리들 자신 속에 있다.
— W. 차몬드

"
마술은 모든 분야를 골고루
섭렵해야 하는 종합예술이기
때문에 이것을 시연하는 일은
결코 쉽지만은 않다.
"

마술이란?

♥ 사람들이 "이것은 전혀 불가능해!" 하고 생각하는 것들을 현실처럼 보여 주고, 들려 주고, 느끼게 하는 것을 마술이라고 한다. 더 나아가 마술은 사람들에게 꿈과 희망을 심어 주는 동시에 상상력을 키워 주는 역할을 하기도 한다.

♥ "마술사는 과학, 조명, 연기, 마임, 음악 등
모든 것을 공부해야 합니다."

♥ 랜스 버튼Lance Burton의 말이다. 이처럼 마술은 모든 분야를 골고루 섭렵해야 하는 종합예술이기 때문에 이것을 시연하는 일은 결코 쉽지만은 않다.

♥ 마술은 정직하다.
노력하지 않으면 결실을 이룰 수 없고
막연히 운에 맡겨서는 더더욱 안 된다.

♥ 하지만 생활 속에서 즐길 수 있는 마술은 조금만 연습하면 보통의 일상에 마치 오아시스와 같은 신선한 기쁨이 될 것이며 행복, 그리고 잔잔한 웃음을 여러분의 삶에 가져다 줄 것이다. "그거 사기죠?" "속임수 아냐?" 하고 말하는 사람들은 너무나 즐거운 마술거리를 스스로 놓치는 것이다. 이제 마음을 열고 생각지 못한 일들이 벌어지고 상상을 초월하는 광경이 펼쳐지는 마술 세계의 문을 두드려 보자.

마술의 열 가지 법칙

1 ★ 절대 마술의 비밀을 노출시키지 않는다.
마술사에게 마술의 비밀은 목숨과도 같은 것이다. 상대방이 마술의 비밀을 아는 순간 마술사에 대한 환상이 깨지는 것은 물론 마술사가 아닌 '사기꾼'으로 바뀔 수 있으니 절대로 비밀을 노출시키지 않도록 주의한다.

2 ★ 상대방에게 당신이 무슨 마술을 할 것인지에 대한 정보를 알려 주지 않는다.
어떤 현상이 일어날 것인지를 말하게 되면 상대방은 그 부분만을 집중하기 때문에 트릭을 들켜 버릴 수도 있다. 영화의 결말을 미리 알 수 있는 정보인 스포일러 때문에 영화 보는 재미가 반감되듯이 마술도 똑같다.

3 ★ 같은 마술을 두 번 이상 반복하지 않는다.
두 번째 법칙과 일맥상통한 법칙이다. 상대방이 이미 어떠한 변화가 생길지 눈치챈 상황이기 때문에 마술의 트릭이 밝혀질 수도 있다. 아무리 재미있는 이야기도 두 번 들으면 재미가 떨어지듯 마술도 마찬가지이다.

4 ★ 연습을 충분히 한다.
마술을 시작하는 사람들은 대부분 새로운 기술이나 마술을 알게 되었을 때 충분한 연습을 하지 않고 선보이는 경우가 많다. 이런 경우 백중백발 그 트릭이 밝혀지게 되어 있다. 실력을 탓하기 전에 당신의 게으름을 탓하길……

5 ★ 자신감은 업! 자만감은 다운!
자신감을 가지고 마술을 하는 것은 좋지만, 잘한다고 자만하면 나태함을 불러오고 나태함은 트릭의 노출로 이어질 수 있으니 주의해야 한다.

6 ★ 단 한 가지 마술이라도 제대로 하는 버릇을 길러라.
마술의 비밀을 알겠다고 무턱대고 많은 마술을 익히게 되면 지칠 수도 있다. 열 번이든 백 번이든 하나의 마술을 완벽하게 소화할 때까지 연습한 뒤에 다른 마술로 넘어가는 버릇을 들이도록 한다.

7 ★ 마술과 자신을 믿어라.
좋은 마술사가 되기 위해서는 좋은 연기자가 되어야 한다. 좋은 연기를 펼치려면 자신이 연출하는 마술과 자신을 믿는 것이 중요하다.

8 ★ 깔끔한 옷차림에 신경을 쓴다.
마술사는 무대 위에서 공연을 하는 예술가이다. 예술가가 허름한 트레이닝복을 입고 나오는 것은 예의가 아니다.

9 ★ 기술뿐 아니라 연기도 함께 익혀라.
마술에서 기술과 연기의 비중은 50 대 50이다. 기술은 화려하지만 연기가 뒷받침되지 않으면 상대방에게 아무런 감흥을 주지 못할 수도 있다. 간혹 100% 연기만을 가지고 하는 마술도 있다. 그만큼 마술에서 연기가 차지하는 비중이 높다.

10 ★ 마술에 NG라는 단어는 없다.
실수했을 때, 당황하지 않고 태연히 넘어가는 것이 진짜 마술사다!

마술의 고전, 카드 마술 워밍업

♥ 비싼 도구나 화려한 손놀림 없이도 충분히 상대방을 즐겁게 해 줄 수 있는 마술은 단연 카드 마술일 것이다. 상대방이 무슨 카드를 꺼냈는지 척척 알아맞히기도 하고, 원하는 카드를 뽑게 하여 상대방을 깜짝 놀라게 할 수 있는 카드 마술은 마치 손과 카드가 하나가 된 듯 여러 가지 기술을 자유자재로 할 수 있도록 익혀야 한다. 지금부터 쉰네 장의 카드로 카드의 기초 테크닉을 배워 보도록 한다.

카드 다루기 : 딜링 Dealing

상대방에게 원하는 카드를 고르게 하거나 카드를 보여 줄 때, 카드를 고루 섞을 때 등 여러 가지 상황에서 카드를 다루는 기술을 말한다.

그립

'카드를 잡는다'는 의미이다. 일반적으로 카드는 왼손으로 잡는다.

♣ 카드 잡는 법 ♣

Trick 1 카드의 긴 면을 엄지로 받쳐 주고 위쪽은 검지로, 다른 긴 면은 나머지 손가락으로 감싸 쥐듯 잡는다.

카드 스프레드 Card spread *

카드를 바닥에 직선이나 원 모양으로 일정하게 펼치는 기술이다.

▲ 직선 스프레드   ▲ 반원 스프레드

♣ 카드 스프레드 하는 방법 ♣

Trick 1 엄지, 검지, 중지로 카드를 잡고 고정한다.

Trick 2 검지로 카드를 하나씩 걸러 낸다는 느낌으로 카드를 죽 밀어 펼친다.

Trick 3 카드를 일정한 간격으로 고르게 펴는 것이 중요하다.

카드 스프레드 웨이브 Card spread wave *

스프레드로 펼쳐 놓은 카드를 역 방향으로 한 번에 뒤집는 기술이다.

❧ 스프레드 웨이브 하는 방법 ❧

Trick 1 직선 스프레드 후 왼쪽 끝을 든다.

Trick 2 카드들을 검지를 이용해 순간적으로 뒤집어 준다.

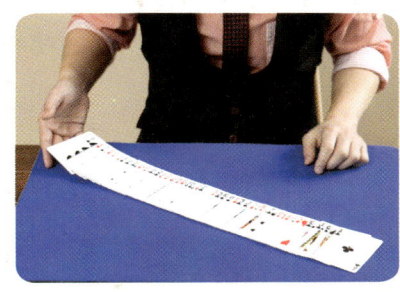

Trick 3 도미노가 쓰러지듯 한 번에 카드가 뒤집힌다.

카드 팬 Card_fan *

카드를 부채 모양으로 만드는 기술이다. 상대방에게 카드를 뽑게 할 때 많이 쓴다.

▲ 카드 팬을 한 모습

♣ 카드 팬 하는 방법 ♣

Trick 1 카드 아랫면을 잡는다.

Trick 2 뒷면은 네 손가락을 모아서 검지와 중지로 고정시켜 잡는다.

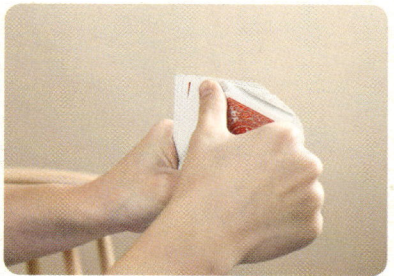

Trick 3 오른손 엄지로 카드 맨 뒷장부터 하나씩 펼친다.

Trick 4 부채 모양이 되도록 끝까지 펼친다.

카드 스프링 Card spring *

카드가 목표한 지점으로 스프링처럼 날아가게 하는 기술을 말한다.

▲ 카드 스프링 하는 모습

♣ 카드 스프링 하는 방법 ♣

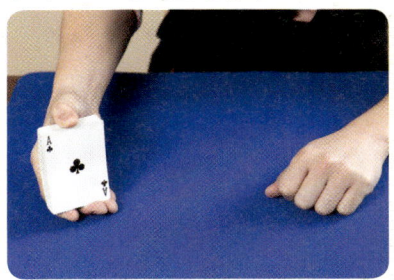

Trick 1 엄지로 카드 윗부분을 짧게 잡고 중지와 약지로 아랫부분을 고정하듯 잡는다.

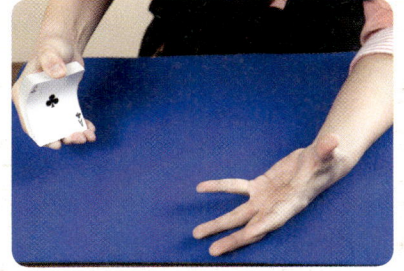

Trick 2 카드가 살짝 휘어지도록 엄지에 힘을 준다.

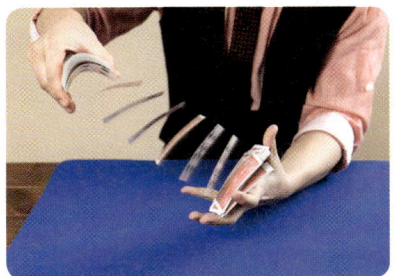

Trick 3 카드의 탄력을 이용해 한 장씩 튕겨낸다는 느낌으로 왼손을 향해 카드를 보낸다.

카드 셔플 Card Shuffle ★

카드를 섞는 기술이다. 카드 셔플의 종류에는 테이블 셔플, 힌두 셔플 등이 있다. 테이블 셔플은 테이블 위에서 카드를 섞는 기술이고, 힌두 셔플은 한 손으로 카드를 잡고 다른 손에서 위부터 카드를 조금씩 빼 손바닥 아래로 떨어뜨리듯 잡아 섞는 기술이다.

♣ 테이블 셔플 하는 방법 ♣

Trick 1 카드를 반으로 나눈다.

Trick 2 한쪽 모서리를 양손의 검지와 엄지로 잡는다.

Trick 3 양손의 엄지로 카드를 교차해 떨어뜨린다.

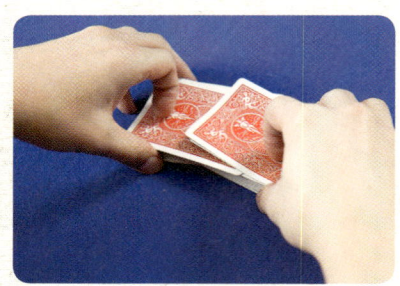

Trick 4 카드들을 모아 정리한다.

♣ 힌두 셔플하는 방법 ♣

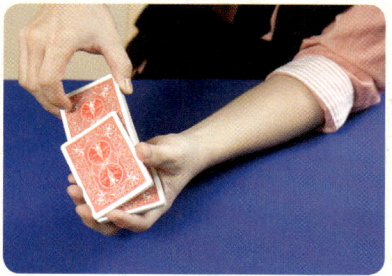

Trick 1 오른손 엄지와 검지로 잡은 카드 뭉치를 왼손으로 윗부분부터 왼손에 덜어 낸다.

Trick 2 모든 카드가 왼손으로 옮겨 가기 전까지는 오른손 맨 아래의 카드가 바뀌지 않는다.

카드 컷 Card cut *

카드를 나누는 기술을 말한다. 카드 컷의 종류에는 테이블 컷, 스윙 컷 등이 있다. 테이블 컷은 테이블 위에서 카드를 집어 나누는 기술이고, 스윙 컷은 테이블이 없을 때나 서서 마술을 해야 하는 경우에 주로 쓰는 기술이다.

❦ 테이블 컷 하는 방법 ❦

Trick 1 카드 뭉치를 떼어 내 테이블 위에 놓는다.

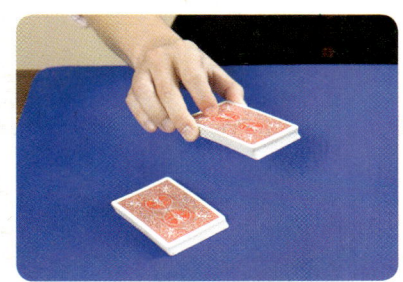

Trick 2 그 위에 나머지 카드를 올려놓는다.

❦ 스윙 컷 하는 방법 ❦

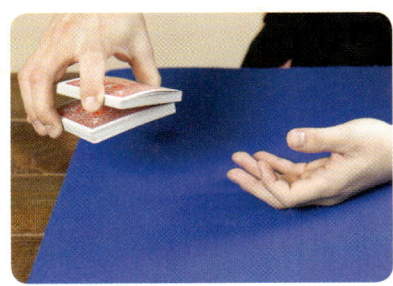

Trick 1 카드를 잡고 오른손 검지로 카드의 위쪽 반을 뗀다.

Trick 2 떼어 낸 카드를 왼손으로 받는다.

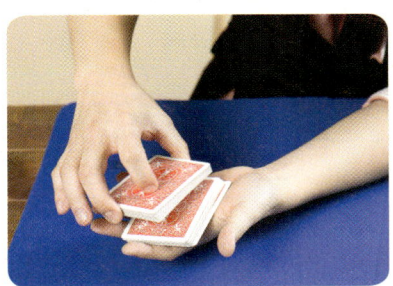

Trick 3 오른손에 남은 나머지 반을 왼손에 있는 카드 위에 올린다.

⭐ 카드 포스 Card force

마술사가 미리 정해 놓은 카드를 상대방이 뽑을 수밖에 없도록 하는 기술이다. 슬립 포스, 타임 포스 등의 기술이 있다.

슬립 포스 Slip Force⭐

마술사가 카드를 쓸어 내리면 상대방이 원하는 곳에서 멈추고 카드를 선택하게 한다. 하지만 항상 선택한 카드는 마술사가 정해 놓은 카드가 나오게 된다.

♣ 슬립 포스 하는 방법 ♣

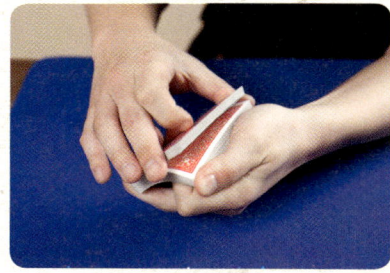

Trick 1 상대방이 선택하게 만들 카드를 맨 위에 올려 놓는다.

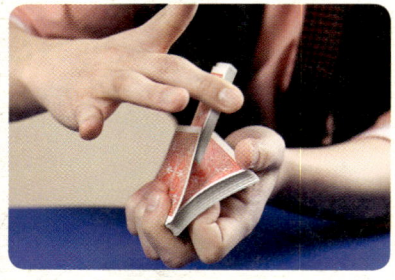

Trick 2 카드를 엄지로 책장을 넘기듯 쓸어내리다 상대방이 '그만'을 외칠 때 맨 위의 한 장만 놔두고 멈춘 곳을 기준으로 위에 있는 카드들을 재빨리 들어 올린다.

Trick 3 이때 왼손의 검지와 중지는 맨 위의 카드가 빠져나가지 않도록 잘 잡는다. 이렇게 하면 처음에 맨 위에 놓였던 카드는 왼손의 카드 중 맨 위에 있게 된다. 고개를 돌리거나 눈을 감고 왼손을 내밀며 맨 앞장의 카드를 상대방에게 보여 준다. 그 카드가 어떤 카드인지 알아맞춘다.

타임 포스 Time force *

마술사가 미리 점 찍어 놓은 카드를 억지로 뽑게 만드는 기술이다.

❧ 타임 포스 하는 방법 ❧

Trick 1 상대가 선택한 카드를 맨 위에 놓는다.(이해를 돕기 위해 앞면이 보이게 놓았다.)

Trick 2 상대방에게 원하는 만큼 카드를 집어 달라고 한 뒤 바닥에 놓는다.

Trick 3 나머지 바닥에 있던 카드를 상대방이 잡은 카드 위에 90°로 교차시켜 올려놓거나 엇갈려 올려놓는다. 그리고 한동안 말을 시키거나 주의를 다른 곳으로 유도한다(타임 미스디렉션). 그리고 아래에 있는 카드 뭉치의 첫장을 꺼내 들면 상대는 그냥 카드 중간에서 카드를 뽑았다고 생각한다.

> 상대방이 잡은 카드의 맨 위 카드를 바로 확인하는 것이 아니라 상대방의 뽑은 카드에 집중하지 못하도록 말을 걸거나 다른 행동을 하면서 주의를 분산시키는 것이 중요하다.

*미스디렉션 Misdirection
상대방이 마술의 트릭을 눈치채지 못하도록 주의를 분산시키는 기술을 말한다.

*타임 미스디렉션 Time Misdirection
시간을 끌면서 상대방의 주의를 분산시키는 기술을 말한다.

짜릿한 동전 마술 워밍업

당신이 가방이나 주머니에 늘 가지고 다니는 훌륭한 마술도구는? 바로 동전이다. 동전처럼 흔하면서도 쉽게 구할 수 있는 마술도구는 없다. 동전 마술은 하루를 꼬박 해도 모자랄 정도로 그 가짓수가 엄청나다. 숨기고, 나타나고, 때로는 테이블에서 주머니로 순간 이동까지 하는 등 무궁무진한 방법으로 마술을 펼칠 수 있다. 동전 마술은 손놀림이 얼마나 자연스러운지, 또 얼마나 빠른지에 따라 성패가 좌우된다. 지금부터 설명하는 동전의 기초 테크닉을 꾸준히 연습한다면 언제 어디서나 주머니 속에서 동전을 꺼내기만 하면 특별한 순간을 선사하는 마술사가 될 수 있을 것이다.

동전 마술을 배우기 전에 알아 두어야 할 것들

동전 마술을 배우기 전에 몇 가지 알아 두어야 할 것들이 있다. 동전을 사라지게 하는 기술이나 손놀림으로 상대방의 주의를 끄는 묘기 등이다.

동전을 가짜로 쥐기

마치 동전을 쥐고 있는 것처럼 손모양을 만들어 연출해 보자.

♣ 동전을 가짜로 쥐는 방법 ♣

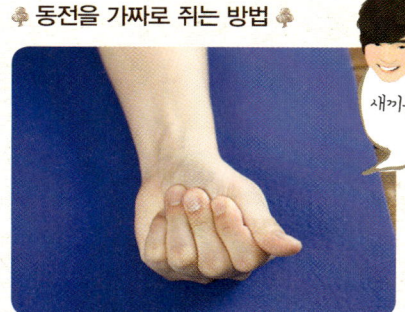

> 빈 손을 펼 때에도 한꺼번에 펼치는 것보다 새끼손가락부터 하나씩 천천히 펴는 것이 좋다.

Trick 1 주먹을 너무 꽉 쥐면 동전이 없는 것처럼 보인다. 주먹을 쥘 때 손가락을 최대한 손목 가까이 당겨 마치 무엇인가를 잡고 있는 듯한 느낌이 들게 한다.

코인 롤 Coin roll ＊

동전이 손가락 등 쪽을 타며 굴러가게 하는 기술이다.

❦ 코인 롤 하는 방법 ❦

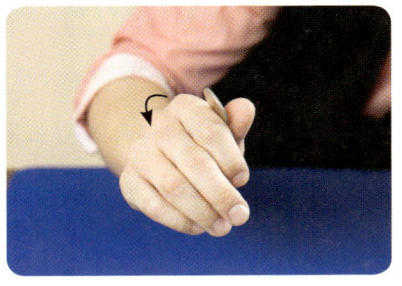

Trick 1 엄지와 검지 사이에 동전을 살짝 끼우고 새끼손가락 쪽으로 동전을 굴린다.

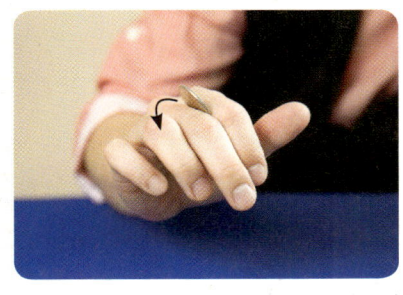

Trick 2 손가락 사이마다 한 번씩 끼우며 굴리듯 옮기는 동작을 연속으로 반복하면 마치 손가락 위에서 동전이 굴러가는 것처럼 보인다.

Trick 3 동전이 새끼손가락까지 도착하면 새끼손가락과 엄지를 이용해 동전을 잡아서 다시 검지 위에 올린다.

래핑 Lapping ＊

무릎 위로 물건을 떨어뜨려 손에서 대상물이 사라지게 하는 기술이다. 동전뿐 아니라 어떤 물건이나 사라지게 하는 기술이다.

❦ 래핑하는 방법 ❦

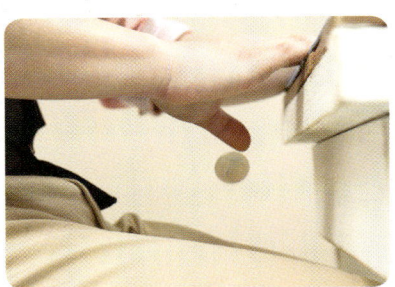

Trick 1 상대방의 시선을 다른 곳으로 유도한 뒤에 주로 무릎 위로 떨어뜨린다.

동전을 숨기는 기술 : 팜 Palm

팜Palm은 손바닥을 뜻하는 단어로 마술에서는 손 안에 동전을 숨기는 기술을 말한다. 팜 기술에는 손바닥, 손가락 등 숨기는 위치에 따라 섬 팜, 클래식 팜, 다운스 팜 등이 있다. 모든 팜을 양손 모두 익숙하게 연습해 두면 매우 유용하다. 배니싱Vanishing은 물건을 사라지게 하는 기술을 말한다. 그 중에서도 여러 가지 팜 기술로 숨겨 놓은 동전을 손 안에서 없애는 기술을 팜 배니싱Palm vanishing이라고 한다.

클래식 팜 Classic palm

손바닥을 살짝 오므리면 중앙에 움푹 들어간 곳이 생기는데 이 부분을 이용해 동전을 숨기는 기술을 말한다.

▲ 동전 잡는 방법

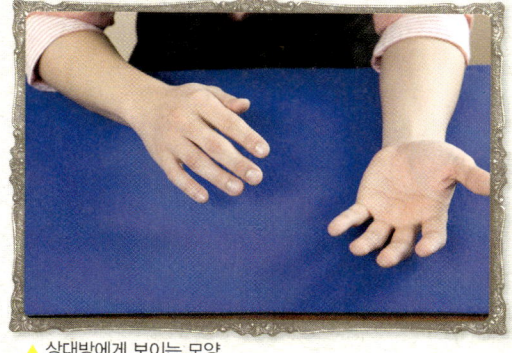

▲ 상대방에게 보이는 모양

♣ 클래식 팜 배니싱 하는 방법 ♣

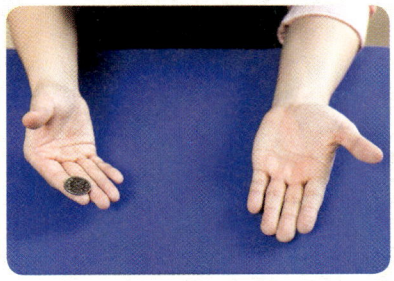

Trick 1 오른손에 동전을 들고 상대방에게 확인시킨다. 그리고 주먹을 쥐는데 엄지와 검지 끝은 붙인 채 두고, 동전이 손바닥 가운데 쪽으로 움직일 수 있게 중지와 약지로 밀어 준다.

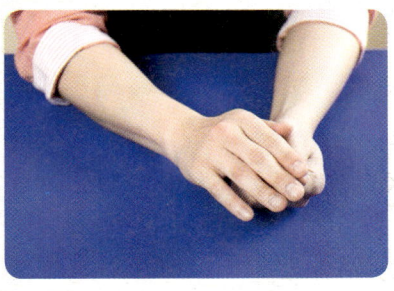

Trick 2 오른손을 왼손에 갖다 대며 동전을 옮기는 척하며 섬 팜으로 동전을 손바닥 가운데에 숨긴다. 이때 왼손은 동전을 받아든 것처럼 무게감 있게 주먹을 쥔다.

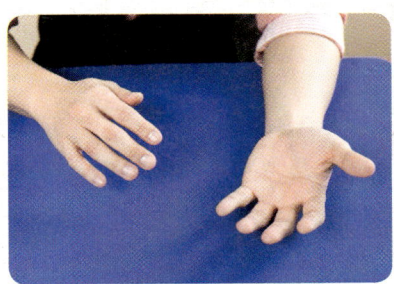

Trick 3 왼손을 펴고 동전이 사라졌다는 것을 보여 준다. 오른손은 최대한 자연스럽게 편다.

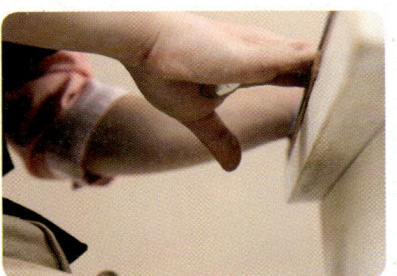

Trick 4 오른손에 숨긴 동전은 테이블 아래로 래핑한다.

섬 팜 Thumb palm*

엄지와 검지 사이에 동전을 숨기는 기술이다. 동전을 사라지게 하는 섬 팜 배니싱 마술에 사용된다.

▲ 손바닥 쪽 모양

▲ 상대방이 보는 손등 쪽 모양

❧ 섬 팜 배니싱 하는 방법 ❧

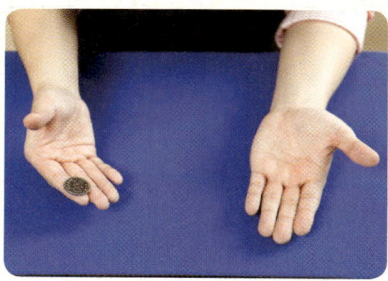

Trick 1 오른손 검지 위에 동전을 올려놓는다.

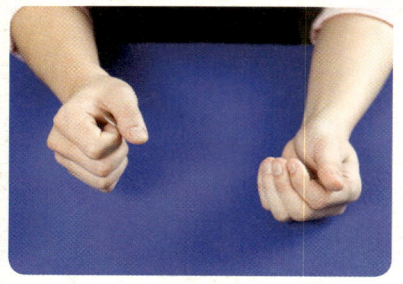

Trick 2 빠르게 주먹을 쥐며 엄지와 검지 사이로 동전을 위치시킨다.

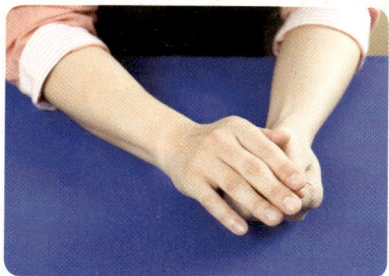

Trick 3 섬 팜으로 엄지와 검지 사이에 동전을 고정시키고 오른손에서 왼손으로 동전을 옮기는 척한다.

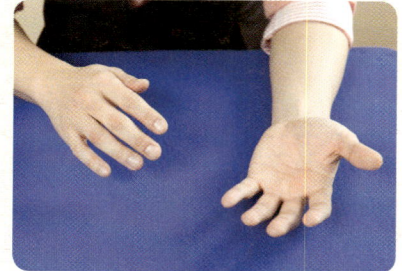

Trick 4 상대방은 왼손으로 동전이 옮겨 간 것처럼 믿지만 동전은 사라지고 없다. 동전은 오른손에 섬 팜되어 있지만 상대방의 눈에는 보이지 않는다.

핑거 팜 Finger palm

동전을 중지의 두 번째 마디와 약지의 첫 번째 마디로 잡아 숨기는 기술이다. 동전을 사라지게 하는 핑거 팜 배니싱마술에 사용된다.

▲ 동전 잡는 방법

▲ 상대방에게 보이는 모양

🌳 핑거 팜 배니싱 하는 방법 🌳

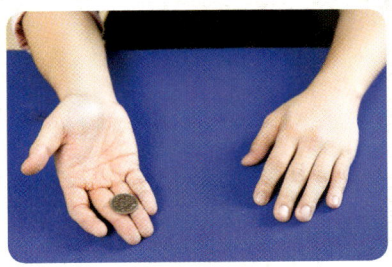

Trick 1 오른손 중지와 약지 중앙에 동전을 놓는다.

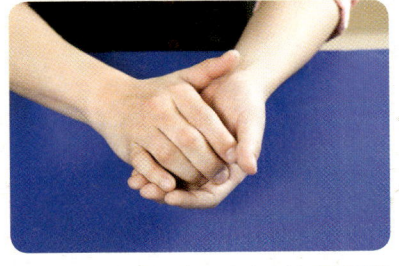

Trick 2 중지와 약지를 살짝 구부려 동전을 고정시킨 다음 오른손의 동전을 왼손으로 옮기는 척한다.

핑거 팜으로 동전을 숨기고 있는 모습

Trick 3 상대방은 왼손으로 동전이 이동한 것으로 생각한다.

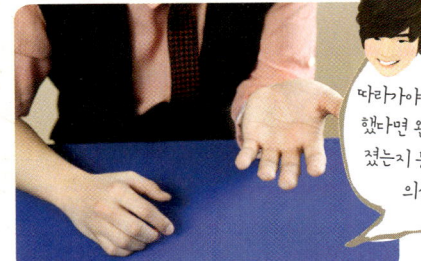

Trick 4 왼손을 펴자 동전은 사라지고 없다! 동전은 핑거 팜으로 오른손에 숨어 있다. 손가락을 자연스럽게 꺾어 잡는 것이 중요하다.

배니싱 기술을 선보일 때 시선은 상대방의 시선과 함께 따라가야 합니다. 왼손으로 옮기는 척 했다면 왼손을 봐야 한다는 것! 잘 숨겨졌는지 동전을 숨긴 손을 보면 상대방이 의심할 수 있으니 주의하세요.

백 클립 Back clip*

손등 쪽 검지와 중지 사이에 동전을 끼워 숨기는 기술이다.

▲ 동전 잡는 방법

▲ 상대방이 본 백 클립 모습

다운스 팜 Downs palm*

검지와 중지에 동전을 가로로 끼워 숨기는 기술이다. 동전을 허공에 던진 뒤 다시 손에서 나타나게 하는 마술에 사용한다. 실제로는 던지는 척만 하고 다운스 팜을 이용해 숨기는 것이다.

▲ 동전 잡는 방법

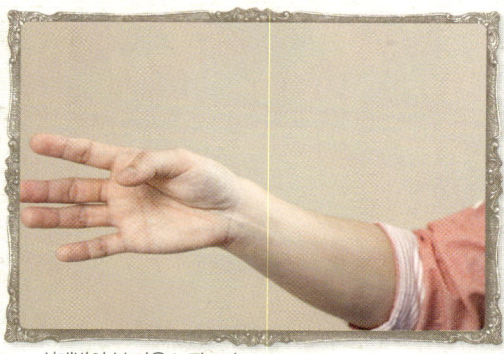

▲ 상대방이 본 다운스 팜 모습

프렌치 드롭 French drop *

손 안에서 동전을 없애는 기술이다.

🍀 프렌치 드롭 하는 방법 🍀

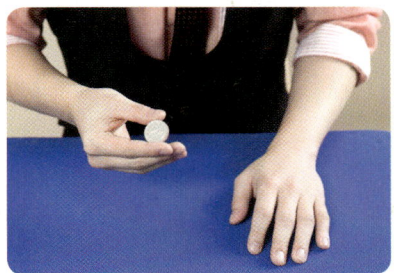

Trick 1 오른손 엄지와 검지로 동전을 잡는다.

Trick 2 왼손으로 오른손의 동전을 잡으려는 듯 감싸며 왼손 엄지를 오른손 엄지와 검지로 만든 고리 안으로 넣는다.

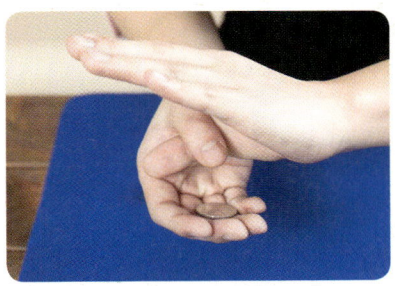

Trick 3 엄지로 동전을 살짝 밀어 동전을 오른손의 중지와 약지 가운데 쪽으로 떨어뜨린다. 바로 이어 핑거 팜으로 동전을 잡는다.

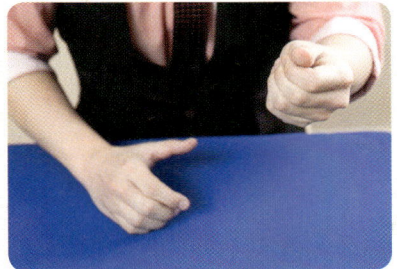

Trick 4 왼손으로 동전을 집어 가는 척한다. 왼손을 펴고 동전이 사라졌음을 보여 준다.

2

두근두근 첫 만남

상대의 호기심을 자극하라!

Episode #2

신은 참 공평하다.

어느 누구에게도 모자람 없이 다 주는 법이 없다.

스물여덟 해.

나는 지금까지 부족함이라고는 전혀 느끼지 못했다.

Love. 한 가지만 빼고 말이다.

대학 1학년 때 만난 동기와의 2년 연애가 전부인 나의 연애사.

남자는 취업을 하고, 자신을 꾸준히 관리한다면

여자는 저절로 따라오게 된다는 어른들의 말은 믿지 않은 지 이미 오래다.

그러던 어느 날.

놓칠 수 없는 아니 놓쳐서는 절대 안 될 운명의 그녀를 보게 되었다.

어느 날부터 내가 다니는 피트니스 센터에 나타난 그녀.

그녀는 매일 딱 한 시간 러닝머신 위를 달린다.

밤마다 그녀에게 다가설 방법을 생각하지만

모래 위에 새겨진 글씨가 파도에 쓸려 가듯

그녀 앞에만 서면 몽땅 다 사라진다.

그녀와 눈이 마주쳤다.

조건반사적으로 그녀에게 말을 걸었다.

"실례가 되지 않는다면 커피 한잔 어떠세요?"

"……."

그녀는 의외로 쿨했다.

과연 내가 가진 방법으로 그녀의 마음을 사로잡을 수 있을까?

아무도 당신에게 뭔가를 주지 않는다. 당신이 나서서 취해야 한다.

– 영화 〈디파티드〉 중

테이블을 뚫고 나간 동전

♣ 동전 마술 ① ♣

♥ 몇 번의 망설임 끝에 만들어 낸 첫 만남. 가벼운 마술로 상대방의 마음을 열어 보면 어떨까? 깜짝 마술은 첫 데이트를 부드러운 분위기로 만들고 매력적인 첫인상을 만드는 데 큰 역할을 할 것이다. 이제 동전이나 냅킨, 종이, 설탕 등 카페 안의 물건들로 쉽게 할 수 있는 마술을 배워 보자.

만약 이 동전이 테이블을 통과한다면, 우리 다음에 또 만날까요?

1

2

3

4

탁! 탁! 탁!

5

앗! 오른손에 있던 동전이 테이블 아래에서 나타났네요?

1 상대에게 동전 하나를 빌린다.

2 테이블을 두드려 보통의 테이블임을 확인시킨다. 상대방도 두드리게 한다.

3 오른손, 왼손으로 번갈아 동전을 옮긴다.

4 오른손에 있는 동전으로 테이블을 두드린다. "탁! 탁! 탁!" 소리가 명쾌하게 난다.

5 오른쪽 손바닥을 펴자 앗! 동전이 사라졌다. 그리고 바로 테이블 아래에서 동전이 등장한다. "동전이 테이블을 언제 통과했을까요?" 상대는 깜짝 놀란 표정을 지으며 묻는다. "대체 어떻게 하신 거죠?"

테이블을 뚫고 나간 동전의 비밀

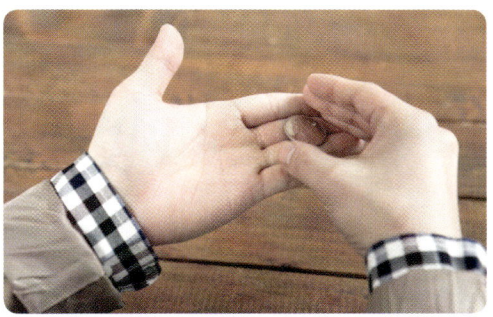

Trick 1 동전을 오른손으로 잡는 척하며 핑거 팜 기술(31쪽)을 이용해 동전을 왼손에 감춘다.

Trick 2 이때 오른손 모양은 사진처럼 엄지와 검지로 동전을 쥐고 있는 것처럼 만들어 상대방이 오른손에 동전이 있는 것으로 믿게 한다.

Trick 3 동전을 잡고 있는 왼손은 테이블 밑에 숨어 있다. 상대방의 의심을 풀어 주기 위해 오른손으로는 동전으로 테이블을 두드리는 척한다. 동시에 테이블 아래에 있는 왼손은 동전으로 오른손의 움직임에 맞추어 탁자를 두드려 소리를 낸다. 이때 상체를 숙여 왼팔이 잘 안 보이도록 한다.

왕초보라도 동전을 든 척 손 모양만 잘 만들면 99% 성공 가능한 마술! 그녀가 경계를 풀고 호기심 어린 표정으로 바라보고 있다면 작전 성공!

Trick 4 테이블 위의 오른손을 쫙 펴고 동전이 없다는 것을 확인시켜 주고 동시에 마치 동전이 테이블을 통과한 것처럼 왼손으로 테이블 아래에서 동전을 꺼내 든다.

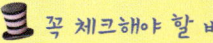

🎩 꼭 체크해야 할 비법
상대방 앞에서 동전을 자연스럽게 숨길 수 있도록 핑거 팜 기술을 익숙하게 사용하는 것이 포인트!

난이도
★★☆☆

설탕 속 동전의 정체는?

♣ 동전 마술 ② ♣

♥ 당신과 처음 만나고 있는 그녀는 당신에 대해 좀 더 알기 위해 당신의 동작 하나하나에 관심을 집중할 것이다. 마술이라는 것은 상대방의 시선이나 관심을 자유자재로 유도해 트릭을 눈치채지 않게 하는 기술에 성패가 좌우된다. 상대방이 집중하면 집중할수록 당신은 더욱더 능숙하게 트릭을 써야 한다.

1. 상대방에게 동전을 하나 빌린다. 그리고 동전의 연도를 확인시킨다. 잘 지워지지 않는 펜으로 표시를 하게 해도 좋다.

2. 받아 든 동전은 오른손, 왼손으로 이리저리 옮기는 사이 감쪽같이 사라진다. 사라진 동전은 어디로 갔을까?

3. 사라진 동전에 대해서 상대방이 궁금해하고 있을 때, 테이블 옆에 가지런히 꽂혀 있는 설탕봉지들을 상대방에게 내밀며 하나를 고르게 한다.

4. 상대방이 고른 설탕봉지를 뜯으니 신기하게도 처음 확인했던 동전이 설탕과 함께 쏟아진다. 어떻게 동전이 봉지 안으로 감쪽같이 들어갔을까?

설탕 속 동전의 비밀

준비물 동전 한 개, 봉지 설탕 여러 개

Trick 1 상대방이 확인한 동전을 받아 든다. 오른손, 왼손으로 번갈아 가며 동전을 이동시킨다.

Trick 2 오른손에 있는 동전을 왼손으로 옮기는 척하며 클래식 팜 기술을 이용해 오른손 바닥에 숨긴다. 이때 왼손은 마치 동전을 쥐고 있는 것처럼 주먹을 쥔다. 그러면 상대방은 주먹을 쥔 왼손에 동전이 있다고 생각하게 된다.

Trick 3 주먹을 쥔 왼손을 상대방 앞으로 내밀며 주먹 안에 동전이 있을 것이라는 다시 상기시키며 시선을 끌 때, 오른손에 숨긴 동전은 래핑기술을 이용해 정확히 무릎 위에 떨어뜨려 준다. 동전이 바닥에 떨어지지 않도록 주의한다.

Trick 4 떨어진 동전을 확인한 후, 상대방에게 주먹 쥔 손을 펴 보여 주며 동전이 감쪽같이 사라진 것을 확인시킨다. 분명 상대방은 사라진 동전이 어디로 갔을지 궁금해한다. 이때 준비된 설탕봉지를 내민다. "하나 골라 보실래요?"

> 만약 커피숍의 테이블이 유리로 되어 있다면 절대 이 마술을 선보일 수 없겠죠? 사전에 장소와 앉을 자리를 미리 알아 두는 센스는 기본!

Trick 5 상대방이 설탕을 고르는 사이 오른손으로 핑거 팜을 이용해 무릎 위의 동전을 재빨리 숨긴다. 이때 상대방이 눈치채지 못하도록 시선은 상대방을 향하도록 한다.

Trick 6 상대방이 고른 설탕봉지를 오른손 손가락에 숨긴 동전 위에 올려놓는다.

Trick 7 동전이 없는 것처럼 왼손으로 설탕과 동전을 한꺼번에 옮겨 잡아 보인다. 그리고 동전이 보이지 않도록 주의하며 사진처럼 오른손으로 설탕봉지와 동전을 잡는다.

Trick 8 설탕봉지를 뜯어 뿌릴 때 동전을 슬며시 놓는다. 흰 설탕가루와 함께 '툭' 떨어지는 동전을 보고 상대방은 자신의 눈을 의심할 것이다.

 꼭 체크해야 할 비법
손에 동전을 숨기는 클래식 팜 기술과 동전을 무릎으로 떨어뜨리는 래핑 기술을 익숙하게 사용하는 것이 포인트!

아무리 찢어도 찢어지지 않는 냅킨

♣ 냅킨 마술 ① ♣

♥ 동전 마술로 그녀의 시선을 사로잡았다면 이제 자연스러운 대화를 이끌어 내야 할 차례이다. 마술을 보며 호기심을 보이는 그녀에게 자연스럽게 질문도 하고, 대답을 유도하며 대화를 이끌어 보자.

옆에 있는 냅킨 좀 주실래요?

자, 이렇게 갈기 갈기 찢어진 냅킨을 한 번 붙여 볼까요?

1 상대방에게 테이블 위에 있는 냅킨 한 장을 달라고 한다.

2 받은 냅킨을 사정없이 찢는다.

3 꼬깃꼬깃 열심히 구긴 후 상대방에게 내밀며 입김을 불어 넣어 달라고 이야기한다. "당신의 도움이 있으면 이 찢어진 냅킨을 다 붙일 수 있습니다. 자! 이제 입김을 불어 주세요!"

4 "후~." 그녀가 입김을 불면 "잘 붙었을까요?" 하면서 냅킨을 활짝 펼쳐 보인다. 찢어졌던 냅킨이 말끔하게 붙어 있다.

찢어지지 않는 냅킨의 비밀

Trick 1 상대방에게 마술을 선보이기 전에 몰래 마술에 사용할 냅킨과 똑같은 냅킨을 작게 구겨 무릎 위에 올려 둔다.

Trick 2 "냅킨 한 장만 주실래요?"하고 말하고 상대방이 냅킨을 찾는 사이에 무릎 위의 냅킨을 슬쩍 오른손 중지, 약지, 새끼손가락으로 쥔다.

Trick 3 오른손으로 구겨진 냅킨을 잡은 채 상대방이 주는 냅킨을 받아 든다.

Trick 4 상대방이 보는 앞에서 냅킨을 마구 찢는다.

Trick 5 찢은 냅킨을 오른손의 미리 준비한 냅킨 위에 놓고 비슷한 크기로 꼬깃꼬깃 구긴다.

Trick 6 냅킨을 잘 구겨졌다면 계속 구기는 척하며 미리 오른손에 숨겨 둔 온전한 냅킨을 찢어진 냅킨 위로 올린다.

온전한 냅킨

찢어진 냅킨

무릎 위의 찢지 않은 냅킨과 찢은 냅킨을 바꾸지 못했다면? 상상도 하기 싫으시죠? 실수하지 않기 위해서는 연습이 필요합니다.

Trick 7 바로 이어 왼손으로 오른손에 있는 온전한 냅킨을 집은 뒤 "입김을 불어 주세요." 하며 상대방 얼굴 앞으로 내민다.

Trick 8 입김을 불며 상대방의 시선이 왼손에 가 있는 동안 오른손의 찢어진 냅킨은 슬쩍 무릎 위로 래핑한다. 그리고 왼손의 온전한 냅킨을 펼친다. 상대는 분명 찢어진 냅킨이 다시 붙은 것을 보고 깜짝 놀랄 것이다.

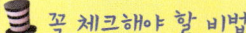

🎩 꼭 체크해야 할 비법

휴지를 래핑할 때는 상대방이 눈치채지 못하도록 시선 처리에 특히 신경 쓰세요.

손 안에는 몇 개의 냅킨이 있을까요?

♣ 냅킨 마술 ② ♣

♥ 그녀는 마술이 거듭될수록 신기해할 것이다. 이처럼 특별한 도구 없이도 충분히 신선하고 재미있는 마술을 선보일 수 있다. 이번에는 간단한 손기술만으로 상대방을 속일 수 있는 마술을 배워 보자.

이 손 안에는 몇 개의 냅킨이 있을까요?

1 냅킨 세 장을 잘 구겨 놓는다.

2 오른손으로 두 개의 냅킨을 집어 왼손 위에 올려 놓는다.

3 세 번째 냅킨을 들고 이야기한다. "제 손 안에 있는 냅킨의 개수를 맞추면 제가 밥을 사고, 못 맞추면 당신이 밥을 사는 겁니다!"

4 그리고 나머지 하나의 냅킨은 주머니에 넣고는 왼손에 있는 냅킨의 개수를 묻는다.

5 상대방은 자신 있게 외칠 것이다. "두 개!" 하지만 손 안에 있는 냅킨은 총 세 개!

Trick 1 냅킨 네 장을 꼬깃꼬깃 구긴 후 세 장은 테이블 위에 가지런히 놓고 나머지 한 개의 냅킨은 무릎 위에 놓아 둔다.

Trick 2 "지금부터 게임을 하겠습니다." 하고 말을 하며 상대방의 시선을 분산시키고 슬쩍 무릎 위의 냅킨 하나를 집어 든다.

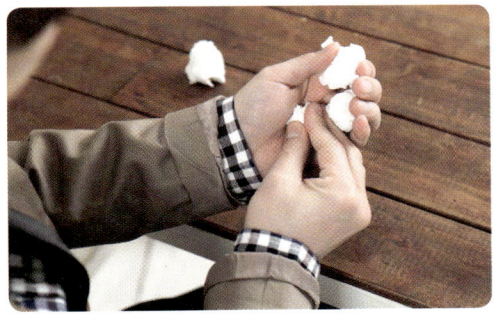

Trick 3 테이블 위의 냅킨 두 개를 한 개씩 집어 왼손으로 옮긴다. 두 번째 냅킨을 옮길 때 오른손에 숨겨 둔 냅킨도 함께 왼손으로 옮긴다.

Trick 4 테이블 위에 남은 냅킨 한 개는 오른손으로 잡고 숨기는 척 주머니에 넣는다. "내 손에 몇 개의 냅킨이 있을까요?"

Trick 5 상대방은 물론 두 개라고 대답할 것이다. 하지만 손 안의 냅킨 개수는 테이블 위에서 집은 냅킨 두 개에 미리 숨겨 놓은 냅킨 한 개를 더해 모두 세 개이다.

> 한 번만 보여 주고 끝내는 마술이 아니라 두 번, 세 번 보여 줄 수 있는 마술입니다. 과유불급! 너무 많이 하다 보면 들킬지도 몰라요!

🎩 **꼭 체크해야 할 비법**
적당한 물음과 관심을 유도하며, 자연스럽게 냅킨을 다른 손으로 잘 옮기는 것이 포인트!

컵 받침을 사랑한 커피 잔

♣ 커피 잔 마술 ♣

♥ 그녀가 우연히 무릎 위에 숨겨 둔 휴지나 동전을 봤다면? 호기심 가득한 그녀가 그냥 지나칠 리가 없을 터! 제대로 망신을 당할 수도 있다. 이럴 때는 휴지도, 동전도 숨길 필요 없는 커피 잔 마술에 도전해 보자.

자, 컵 받침 측면에 이 컵을 세워 볼까요?

1 일반적으로 쓰이는 커피 잔과 컵 받침으로 신기한 마술을 펼쳐 보자.

2 얇은 컵 받침에 무거운 커피 잔을 세울 수 있을까?

3 열심히 낑낑대면서 컵을 세워 보지만 상대가 보기엔 1%의 성공률도 없어 보인다. 그리고 이내 큰 소리를 내며 컵이 떨어진다. "어이쿠, 잘 안 되네요. 마지막으로 한 번만 더 해 볼게요."

4 그런데 컵을 올려 놓는 순간 컵받침 위에 컵이 우뚝 올라선다! 상대방은 자신의 눈을 의심할 지도 모른다.

⭐ 컵 받침을 사랑한 커피 잔의 비밀

준비물 커피 잔 한 개, 컵 받침 한 개

Trick 1 지극히 평범한 커피 잔과 컵 받침임을 상대방에게 확인시킨다.

Trick 2 일반적으로 컵받침 위에 컵이 설 수 있는 확률은 거의 없다. 컵받침 위에 컵을 세우는 척하다 컵을 떨어뜨린다.

Trick 3 "신경 쓰지 마세요. 실수입니다!" 하고 쿨하게 사과한다. 다시 한 번 더 시도하는데 이번에는 컵받침 뒤의 엄지를 컵받침과 똑같은 높이로 올린다.

Trick 4 그리고 컵을 그 위에 올려놓는다. "이제 마법의 힘으로 컵을 세워 보겠습니다." 하고 말하며 상대방의 시선을 끌면서 엄지와 컵받침 사이의 무게중심을 찾는다.

Trick 5 왼손으로 컵을 잡았다 놓았다 하며 무게중심을 잡는다. 무게중심이 잡혔다 싶을 때 왼손을 완전히 컵을 놓는다. 컵 받침 위에 우뚝 선 신기한 커피 잔!

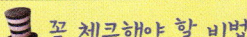
아무리 컵을 잘 세울 수 있다고 해도 실수는 있는 법! 반드시 컵 안의 내용물은 싹 비우고 하는 것이 좋겠죠?

🎩 **꼭 체크해야 할 비법**
이 마술은 물건의 무게중심을 찾는 것이 중요합니다. 엄지의 감각으로 무게중심을 찾는 연습을 여러 번 반복하세요.

3

IN BAR

설레는 두 번째 만남

그녀의 시선을
사로잡아라!

Episode #3

그녀와 첫 데이트 후, 2주가 지났다.

시간이 참 빠르다.

그 사이 회사에서는 큰 프로젝트 하나가 마무리되었다.

하루도 빠짐없이 그녀가 생각났지만 바쁜 탓에 연락 한 번 해 볼 틈이 없었다.

회사 일도 일이지만 첫 만남 이후로 '그녀가 날 어떻게 생각할까?' 고민만 하다가

연락하지 못한 탓도 있다.

그녀가 보고 싶다! 어떻게 지내고 있을까?

프로젝트 마무리 기념으로 잡힌 회식자리.

늘 똑같은 코스로 진행되는 이 자리는 재미없고 지루하다.

그런데 컨디션 핑계로 자리를 뜨려는 순간!

무리 지어 들어오는 사람들 틈에서 그녀를 보았다.

우연일까? 아니면 운명일까?

정신없이 뒤져 찾은 그녀의 명함을 보니

멀지 않은 곳에 그녀의 일터가 있었다.

용기를 내 그녀에게 문자를 보냈다.

"잘 지내셨죠? 오랜만이죠? 회식 오셨나 봐요.

혹시 그 자리 끝나고 저랑 술 한 잔 하실래요?

이 건물 맞은편 지하에 있는 바에서 기다리겠습니다."

잠시 뒤…….

2주 만에 그녀와의 재회가 이루어졌다.

망설이는 사람은 아무것도 할 수 없다. 그에게는 모든 일이 불가능해 보이기 때문이다.

- 월터 스콧

다시 하나가 된 성냥

♣ 성냥마술 ♣

♥ 그녀와의 어색함이 살짝 풀렸다면 이제 술 한잔 하며 진솔한 이야기를 나눌 수 있는 바에서의 데이트를 시도해 보자. 바에서의 마술은 약간의 스킨십을 유도하여 어느 정도 호감을 표현하고 그녀의 마음 또한 살짝 엿볼 수 있는 기회를 잡도록 한다.

1

2

> 이렇게 부러진 성냥처럼 우리는 사실 아무 관계도 아니었습니다

3

4

> 부러졌던 성냥이 다시 하나가 됐네요? 우리도 이렇게 하나가 될 수 있을까요?

1 어디서나 쉽게 구할 수 있는 성냥임을 보여 준다.

2 성냥을 부러뜨린다.

3 부러진 성냥 조각을 가까이 붙여 한 손으로 잡고는 살짝 돌려 'ㄴ'자로 만든다. 그리고 다시 가로로 붙인 성냥을 아래로 내려 일자로 만든다.

4 상대방에게 입김을 불어 넣어 달라고 한다. 그리고 오른손을 떼자 앗! 부러진 성냥이 붙어 있다!

다시 하나가 된 성냥의 비밀

Trick 1 상대방이 모르게 성냥 하나를 핑거 팜으로 중지에 숨겨 둔다. 이때 검지와 중지는 꼭 붙이고 앞이나 위에서 성냥이 보이지 않게 한다.

Trick 2 성냥을 숨긴 채 상대방이 보는 앞에서 다른 성냥 하나를 반으로 부러뜨린 후 확인시킨다.

Trick 3 오른손의 엄지와 중지로 부러진 성냥의 꼬리 조각을 잡는다. 이때 숨겨 둔 성냥과 일직선이 되도록 방향을 조절한다.

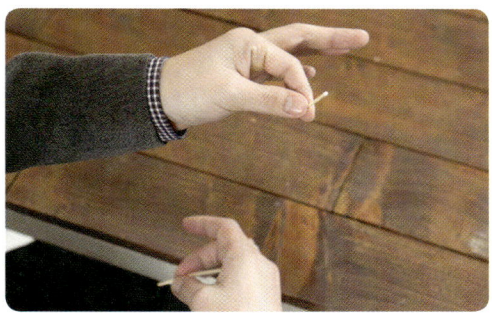

Trick 4 머리 부분을 왼손으로 쥔 후 "이 성냥의 한 쪽이 저라면 이 나머지 한 쪽은 당신입니다." 하고 말하며 왼손을 앞으로 내밀어 상대방의 시선을 왼손으로 유도한다. 그 사이에 오른손에 있던 부러진 성냥을 래핑한다.

Trick 5 래핑 후 재빠르게 부러지지 않은 성냥을 꼬리 쪽 반만 보이게 잡는다. 상대방이 보기에는 부러진 성냥의 꼬리 부분으로 보일 것이다.

Trick 6 가로로 잡은 온전한 성냥 가운데에 부러진 성냥의 머리 부분을 세로로 붙여 'ㅗ' 모양으로 만든 후 상대방에게 보여 준다. 상대방에게는 'ㄴ' 자로 보일 것이다.

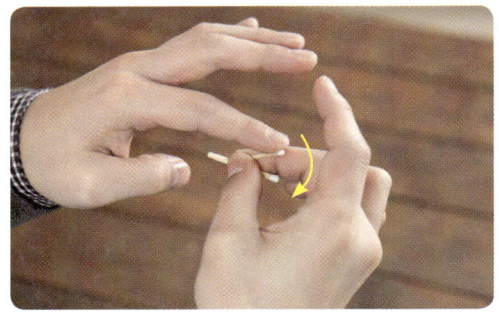

Trick 7 왼손 검지로 부러진 성냥의 머리 부분을 부러지지 않은 성냥의 머리 쪽으로 수평이 되게 눕힌다.

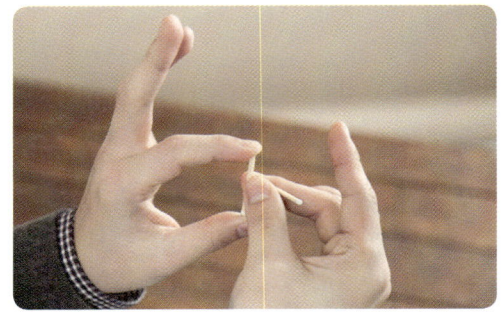

Trick 8 왼손으로 부러지지 않은 성냥 양 끝을 잡고 시계 반대 방향으로 90° 회전시켜 세운다. 이때 부러진 성냥이 떨어지거나 밀리지 않도록 조심한다.

Trick 9 상대방으로 하여금 성냥에 입김을 불어 넣게 해 기대감을 고조시킨다. 그대로 왼손을 들어올려 온전한 성냥을 확인시킨다.

마술은 일종의 연기입니다. 마지막에 성냥을 보여 줄 때 최대한 천천히 손가락을 떼야 상대방의 기대감을 높일 수 있습니다.

Trick 1 다시 붙은 성냥을 보고 상대가 놀라는 사이 오른손에 숨겨져 있던 부러진 성냥은 무릎 위로 래핑한다.

🎩 **꼭 체크해야 할 비법**
성냥을 핑거 팜으로 숨길 때 손가락의 모양이 자연스럽게 되도록 하는 것이 포인트!

유리컵을 뚫고 들어간 동전

🍀 동전 마술 ① 🍀

바에서 하는 마술은 대부분 간단한 듯 보이지만 상대방에겐 깜짝 놀랄 만큼 임팩트가 강한 마술들이다. 이번 마술은 시각뿐 아니라 청각적 효과까지 더해져 놀라움이 배가되는 마술이다. 지켜보는 그녀가 눈과 귀를 열고 놀라는 표정을 상상하며 마술을 준비해 보자.

이제 이 동전이 유리를 뚫고 컵 속으로 들어갑니다.

1 바에서 쉽게 구할 수 있는 유리컵과 동전으로 신기한 마술을 연출해 보자.

2 오른손 위로 동전을 이리저리 굴리며 코인롤 묘기를 보여 주거나 한 손에서 다른 손으로 동전을 이리저리 옮긴다.

3 "동전은 지금 제 왼손바닥에 있죠? 그런데 잘 보세요~." 왼손으로 유리컵의 밑바닥을 두세 번 툭툭 친다.

4 "쨍그랑!" 소리와 함께 유리컵 안에 들어간 동전! 바닥이 깨지지도 않았는데 어떻게 유리컵 안에 들어갔을까?

준비물 유리컵 한 개, 동전 한 개

Trick 1 상대방에게 마술을 선보이기 전에 동전과 유리컵을 상대방에게 확인시킨다.

Trick 2 이리저리 동전을 옮기며 상대방의 시선을 끌고는 왼손으로 오른손에 있는 동전을 집는 척하며 클래식 팜을 이용해 오른손에 동전을 숨긴다.

Trick 3 동전을 숨기고 있는 오른손으로 컵 윗부분을 잡고 동전을 쥔 척하는 왼손을 컵 아래 놓는다. 이때 상대방은 왼손에 동전이 있다고 생각한다.

제가 정말 자주 많이 하는 마술입니다. 방송에서도 여러 번 보여 드렸는데 쉽고 간단하지만 호응이 좋은 마술이죠.

Trick 4 컵을 두세 번 '톡톡' 내리치다 마지막에 컵을 힘껏 내려치는 동시에 오른손에 숨기고 있던 동전을 유리컵 안으로 떨어뜨린다. 이때 타이밍에 맞춰 왼손도 활짝 펴는 것이 중요하다.

🎩 **꼭 체크해야 할 비법**
동전을 쥐고 있는 척하는 손 모양을 만들려면 너무 꼭 쥐면 안 됩니다. Trick 2의 사진처럼 손톱 부분이 보이게 살짝 쥐어 주면 주먹 안의 공간이 상대에게도 느껴지겠지요?

손바닥 안의 휘어진 동전

🍀 동전 마술 ② 🍀

♥ 기분이 좋을 만큼 취했다면 우연을 가장한 스킨십도 용기를 내볼 만하다. 이 동전 마술은 어색하지 않고 자연스럽게 스킨십을 유도할 수 있는 일석이조의 마술이다.

손 안에 동전이
느껴지시죠? 놓치지
않도록 꼭~ 쥐세요.

손 안의 동전이
구부러졌어요!

1 상대방에게 동전을 하나 빌린다.

2 동전을 받으면서 자연스럽게 손을 달라고 한다. 그리고 동전을 손에 쥐어 준다.

3 손바닥 안의 동전을 확인시키며 주먹을 꼭 쥐도록 유도한다.

4 "만약 저를 좋아한다면 동전에 변화가 생길 겁니다." 하고 말한 뒤 손을 펴게 한다. 앗! 멀쩡하던 동전이 휘어져 있다! 마음을 들킨 상대방의 얼굴은 빨갛게 달아오르겠죠?

손바닥 안의 휘어진 동전의 비밀

준비물 휘어진 동전 한 개, 온전한 동전 한 개

Trick 1 펜치 두 개와 동전을 준비한다.

Trick 2 펜치를 이용하여 동전 양 끝을 잡고 힘을 주면 쉽게 동전을 구부릴 수 있다.

Trick 3 휘어진 동전을 미리 클래식 팜 기술을 이용해 오른손에 숨겨 둔다.

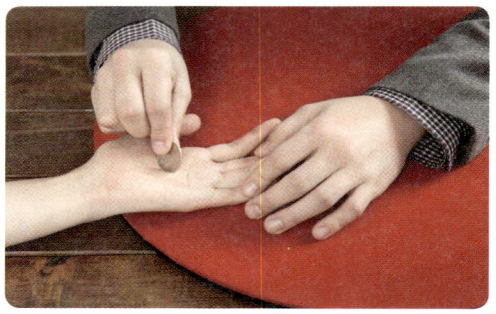

Trick 4 상대방 손바닥 위에 멀쩡한 동전을 주며 주먹을 꼭 쥐라고 주문한다. 그리고 "네, 그렇게 꼭 쥐면 됩니다." 하면서 손을 다시 펴게 합니다.

상대방에게 빌린 동전과 구부린 동전의 색이 다를 수도 있으니 주의하세요.

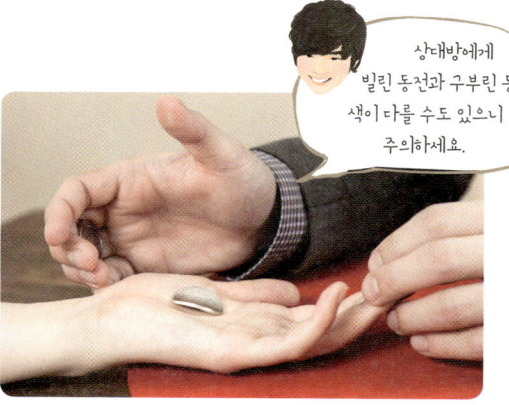

Trick 5 이때 말을 걸면서 시선을 분산시킨 뒤 휜 동전을 손바닥에 숨긴 오른손을 상대방의 손바닥 위로 덮으면서 핑거 팜 기술을 이용해 온전한 동전을 오른손 손가락에 숨기고 휜 동전을 상대의 손바닥에 올려놓는다.

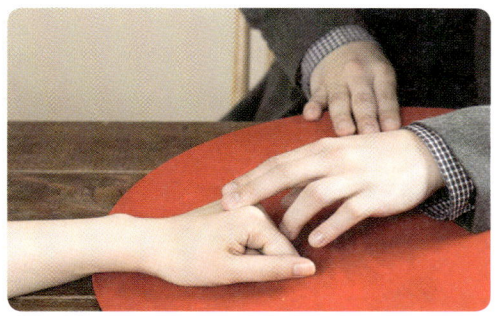

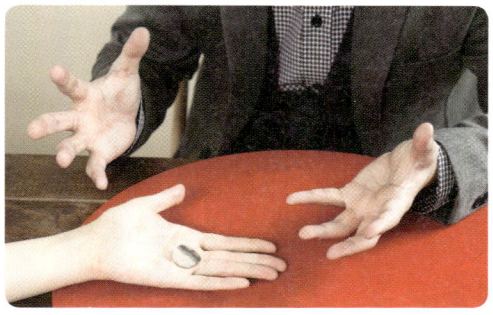

Trick 6 동전 바꿔치기가 끝나면 상대방이 동전을 보지 못하도록 재빨리 주먹을 쥐게 한 다음 손등이 위로 향하도록 돌려 준다. "만약 저를 좋아한다면 분명 동전에 그 마음이 전달될 거예요!" 하고 애교 섞인 멘트를 던지며 오른손의 온전한 동전은 무릎 위로 래핑한다.

Trick 7 쟤! 손바닥을 펴고 휘어진 동전을 본 상대방의 표정, 어떤가요?

🎩 **꼭 체크해야 할 비법**

상대방에게 동전을 바꿔치기하는 모습을 보이지 않도록 상대방의 손바닥 전체를 자신의 손으로 가리는 것이 포인트!

손가락을 뚫고 나간 볼펜

♣ 손가락 마술 ♣

♥ 상대방이 마술에 직접 참여하게 되면 그 마술에 대한 신뢰뿐 아니라 기대와 효과도 높아진다. 상대방의 호응에 따라 적절한 연기까지 가미된다면 금상첨화! 연기력도 마술에 꼭 필요한 요소 중 하나라는 것을 기억하자.

볼펜으로 있는 힘껏 찔러 주세요!

으악! 아퍼요!

1 왼손 중지의 등을 종이로 감싼다.

2 상대방에게 볼펜을 건네며 밑에서 위로 중지 정중앙을 찌르라고 한다. 유쾌하지 않은 주문에 상대방의 표정이 좋지 않다면 "괜찮아요. 설마 손가락이 뚫리겠어요?" 하며 능청스럽게 이야기한다.

3 볼펜에 힘을 잔뜩 준 결과, 앗! 진짜 손가락이 뚫렸다!

4 난감해하는 상대방에게 아무렇지도 않은 손을 보여 준다. "손가락이 뚫린 줄 알고 깜짝 놀랐죠?"

★ 손가락을 뚫고 나간 볼펜의 비밀

준비물 종이, 볼펜

Trick 1 종이와 볼펜을 준비한다.

Trick 2 왼손 중지의 등을 종이로 감싼다. 그리고 상대방에게 볼펜을 주면서 "아래에서 위로 제 손가락을 뚫어도 괜찮으니 힘껏 찔러 주세요!" 하고 말한다.

Trick 3 상대방이 볼펜을 들고 바로 종이를 뚫으려고 할 때, "잠깐! 단번에 힘껏 찔러야 덜 아프니까 있는 힘껏 찔러 주세요!" 하고 말하면서 종이 속 중지를 구부린다.

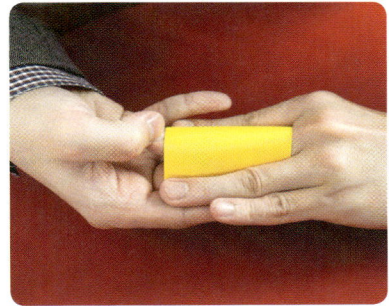

Trick 4 오른손바닥을 위로 하여 왼손을 받친다. 이때 오른손 중지를 위로 말아서 손톱이 종이 바깥으로 살짝 나오게 한다. 상대방은 왼손의 중지 손톱이라고 생각할 것이다.

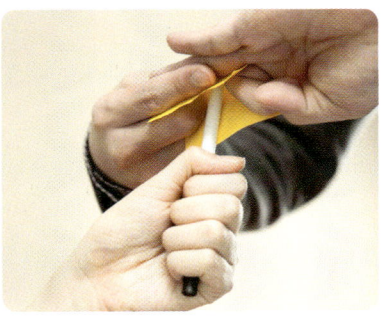

Trick 5 종이 속 손가락이 세팅이 되었다면 상대방에게 펜으로 중지 가운데를 힘껏 한 번에 찌르라고 한다. 빈 공간 사이로 볼펜이 들어가게 된다. 이때 신음소리와 아픈 표정으로 연기를 하면 더욱 리얼한 마술이 연출될 것이다.

Trick 6 볼펜을 제거하고 왼손의 중지를 핀 다음 종이를 벗겨 손가락 상태를 확인한다. 짠! 중지는 멀쩡하다. 상대방은 안도의 숨을 쉴 것이다.

> 만약 진짜 찔렸다면 그녀에게 '호~' 해 달라고 하세요~.

🎩 **꼭 체크해야 할 비법**
구부린 손가락이 보이지 않도록 손의 높이를 낮추어 상대방이 내려다보게 하세요.

순간 이동하는 병뚜껑들

❧ 병뚜껑 셔도 마술 ❧

마술사는 원리를 이해하는 '이해도'와 능숙하게 해내는 '기술력' 두 박자를 고루 갖춰야 상대방에게 훌륭한 마술을 보여 줄 수 있다. 이번 마술이 바로 이 두 박자를 고루 갖춰야 해낼 수 있는, 조금은 어려운 마술이다. 어렵지만 능숙하게 해낸다면 그녀에게 마술사로서의 능력을 인정받을 수 있을 것이다.

이제부터 병뚜껑이 순간 이동합니다. 잘 보세요~

1 사방에 각각 하나씩 네 개의 병뚜껑을 놓는다.

2 왼손으로 왼쪽 위, 오른손으로 오른쪽 아래의 병뚜껑을 덮는다. 손을 치우자 왼쪽 위에 있던 병뚜껑이 어느새 사라지고 오른쪽 아래로 옮겨져 있다.

3 상대방이 눈을 의심하는 사이 다시 한 번 오른손으로 오른쪽 위 병뚜껑을, 왼손으로 왼쪽 아래 병뚜껑을 덮는다.

4 앗! 이번엔 오른쪽 위에 있던 병뚜껑이 왼쪽 아래로 움직였다!

5 양손으로 각각 양쪽에 있는 병뚜껑들을 덮는다. 손을 치우자
   이번에는 왼쪽에 있는 병뚜껑 하나가 오른쪽으로 가 있다.

6 이번에는 왼손으로 왼쪽 위를, 오른손으로 왼쪽 아래를 각각
   덮는다. 손을 치우면 왼쪽 아래에 있던 병뚜껑이 왼쪽 위로 이
   동해 있다.

7 다시 양손으로 왼쪽 위와 오른쪽 아래를 덮는다. 놀랍게도 왼
   쪽 위의 병뚜껑이 오른쪽 아래로 옮겨 와 병뚜껑 네 개가 모두
   오른쪽 아래에 모여 있다. 도대체 병뚜껑들이 어떻게 순간 이
   동을 하는 것일까?

준비물 병뚜껑 다섯 개

Trick 1 병뚜껑 하나를 클래식 팜을 이용해 오른손에 숨겨 놓는다.

Trick 2 오른손에 숨겨 놓은 병뚜껑을 오른쪽 아래에 놓는 동시에 왼손으로는 왼쪽 위에 있는 병뚜껑을 클래식 팜을 이용해 재빠르게 숨긴다. 상대방은 왼쪽 위의 병뚜껑이 사라지면서 오른쪽 아래에서 나타나 순간 이동한 것처럼 느끼게 된다.

Trick 3 왼쪽 위에 있던 병뚜껑을 클래식 팜으로 감추어 왼쪽 아래로 당겨오면서 자연스럽게 오른손으로 오른쪽 위쪽의 병뚜껑을 클래식 팜으로 숨긴다.

Trick 4 그 다음, 오른손에 감춘 병뚜껑을 오른쪽 아래에 놓는 동시에 왼쪽에 있는 두 개의 병뚜껑 중 하나를 왼손바닥으로 감춘다. 그러면 오른쪽 아래에는 세 개의 병뚜껑이, 왼쪽 아래에는 한 개의 병뚜껑이 있게 된다.

Trick 5 왼손에 숨겨 둔 하나의 병뚜껑은 왼쪽 위로 손을 밀듯이 가져가 슬며시 놓고, 동시에 왼쪽 아래에 있는 병뚜껑 하나를 오른손 손바닥으로 감춘다.

양손의 병뚜껑 클래식 팜이 익숙해졌다면 동전으로 해도 효과 만점!

Trick 6 오른손에 숨긴 병뚜껑을 오른쪽 아래에 슬며시 내려놓는다. 왼손의 병뚜껑은 무릎 위로 슬쩍 래핑한다.

Trick 7 이렇게 하면 병뚜껑 네 개가 오른쪽 아래로 모이게 된다.

🎩 **꼭 체크해야 할 비법**

이 마술은 손의 움직임이 순식간에 이루어져야 합니다. 상대방이 병뚜껑의 움직임을 생각할 틈을 주는 순간 마술의 트릭은 깨지고 맙니다. 때문에 많은 연습을 통해서 병뚜껑이 움직이는 경로를 통째로 외우는 것이 중요해요!

IN PARK

4

야외에서는 즐겁게!

그녀가 지루할
틈을 주지
마라!

Episode #4

화창한 주말의 놀이공원 매표소 앞.

연인이나 가족과 함께 나들이 나온 사람들 틈에 서 있으니 기분이 좋다.

괜스레 웃음도 나오고…….

아이스크림 가게 유리에 비친 내 모습이 보인다.

정장 차림이 아닌 캐주얼 복장이 조금 어색하지만 나름 괜찮다.

아니 '괜찮아 보인다'고 주문을 걸어 본다.

이틀 전.

그녀가 보고 싶어 전화를 걸었다.

드문드문 정적이 흐르면서 대화가 이어졌다.

지난 번 술자리 이후 꽤나 가까워졌지만

사실 아직도 자연스러운 대화는 힘든 것 같다.

"주말에 뭐하세요?

"아직 뭐할지 모르겠어요"

"그럼 놀러 갈래요? 놀이공원으로요."

그래서 나는 지금 그녀를 기다리고 있다.

옛 첫사랑을 그곳에서 기다렸을 때의 설레임을 느끼면서…….

티격태격하며 지루한 시간을 보냈던 그때와 달리

오늘은 그녀가 끊임없이 웃도록 해 주고 싶다.

사랑받고 싶다면 사랑하라, 그리고 사랑스럽게 행동하라.

— 벤자민 프랭클린

고무줄 순간 이동의 비밀

🍀 고무줄 마술 ① 🍀

놀이공원에서는 재미있는 놀이기구를 타기 위해 짧게는 10분, 길게는 한 시간 정도를 기다리게 된다. 기다리는 시간이 길어질수록 서로의 짜증지수는 상승하게 되고, 다툴 확률도 높아진다. 이런 상황을 위해 간단한 고무줄 마술을 익혀 두면 짜증도 다툼도 줄어들게 될 것이다.

첫 번째 고무줄이 밖으로 나올 수 있죠? 탈출시켜 볼까요?

1 왼손 검지와 중지에 준비한 고무줄을 끼운다.

2 또 다른 고무줄을 검지부터 새끼손가락까지 각각의 손가락 사이에서 꼬아 끼운다. 이렇게 하면 처음에 끼워 놓은 고무줄은 빠져나올 수 없게 된다.

3 주먹을 쥐고 검지와 중지에 끼워져 있는 고무줄을 다시 확인시켜 준 뒤 "얍!" 손을 펼친다.

4 앗! 손을 펼치니 검지와 중지에 끼워져 있던 고무줄이 약지와 새끼손가락으로 이동했다! 분명 빠져나올 수 없었던 고무줄이 어떻게 이동했지? 상대방은 궁금증에 빠질 것이다.

순간 이동한 고무줄의 비밀

준비물 고무줄 두 개

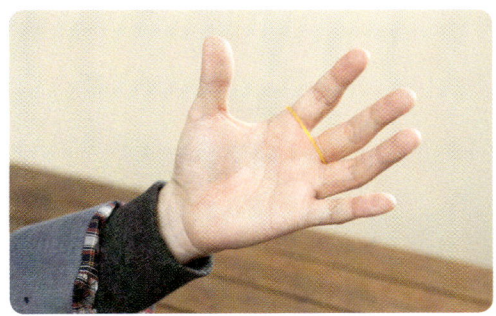

Trick 1 두 개의 고무줄을 준비한다. 먼저 한 개의 고무줄을 왼손 검지와 중지에 끼운다.

Trick 2 나머지 하나는 검지에서 시작해 손가락 사이마다 한 번씩 꼬아 중지, 약지, 새끼손가락에 차례로 끼운다.

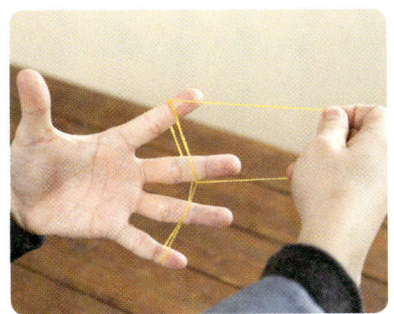

Trick 3 첫 번째 고무줄을 밖으로 당겨 빠질 수 없다는 사실을 상대방에게 확인시킨다. 그러나 고무줄은 밖으로 빠질 수는 없지만 약지와 새끼손가락으로 이동하는 것은 가능하다.

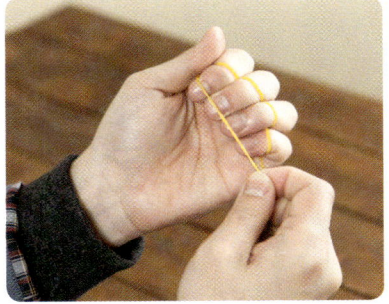

Trick 4 살짝 주먹을 쥔 후 첫 번째 고무줄을 엄지를 뺀 나머지 네 손가락 끝에 살짝 걸쳐 둔다. 상대방이 눈치채지 못하게 오른손으로 가리며 빠르게 한다.

Trick 5 손등 쪽을 보여 주어 고무줄이 검지와 중지에 걸쳐 있음을 확인시킨다. 그리고 주먹을 천천히 펴는데 이때 고무줄이 튕겨 나가지 않도록 주의한다.

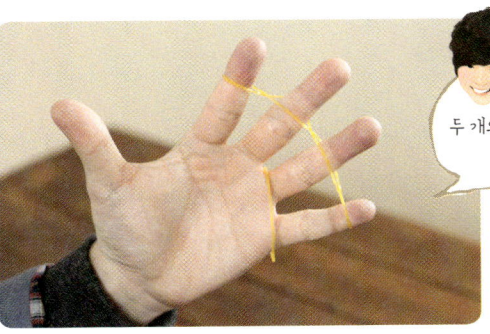

Trick 6 손가락을 펼치면 검지와 중지에서 빠진 고무줄이 자연스레 약지와 새끼손가락으로 이동한다. 상대방은 마치 고무줄이 순간 이동한 것처럼 보일 것이다.

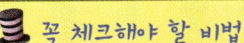

색깔이 다른 두 개의 고무줄을 이용하면 효과 만점!

🎩 꼭 체크해야 할 비법
검지와 중지에 걸려 있는 고무줄이 정말 이동할 수 없는 것처럼 고무줄을 밖으로 꺼내려고 애쓰는 모습을 연기로 보여 주는 것이 중요합니다.

난이도
★★★☆

끊어졌다 다시 붙은 고무줄

🌱 고무줄 마술 ② 🌱

♥ 가족과 혹은 연인과 함께 나들이 나온 사람들로 북적이는 놀이공원은 볼거리, 놀거리가 넘쳐 나 심심
할 틈이 없다. 하지만 오랜만의 야외 활동은 피곤하게 마련이다. 이럴 때는 벤치 혹은 풀밭에 앉아 그
녀와 잠깐 즐거운 휴식을 취하자. '끊어졌다 다시 붙은 고무줄' 마술은 이런 상황에서 보여 줄 수 있는
간단한 마술이다.

이 끊어진 고무줄, 다시 붙여 볼까요?

분명히 끊어 저 있었는데 어떻게 이렇게 붙었을 까요?

1 고무줄을 상대방에게 보여 주며 아무 이상이 없는지 확인시
   킨다.

2 상대방이 보는 앞에서 고무줄을 끊어서 보여 준다. "분명 완
   벽하게 끊어졌죠?" 양손을 이용해 고무줄의 끊어진 부분을
   이어 보려 노력하지만 가능성 제로.

3 하지만 끊어진 부분을 두 손가락으로 비비자 고무줄이 다시
   붙었다! 상대방은 자신의 눈을 의심할 것이다. "이상하다! 분
   명 끊어져 있었는데……."

끊어졌다 다시 붙은 고무줄의 비밀

준비물 고무줄 한 개

Trick 1 한 개의 고무줄을 그림과 같이 잡은 뒤 끊어지지 않은 고무줄이라는 것을 보여 준다.

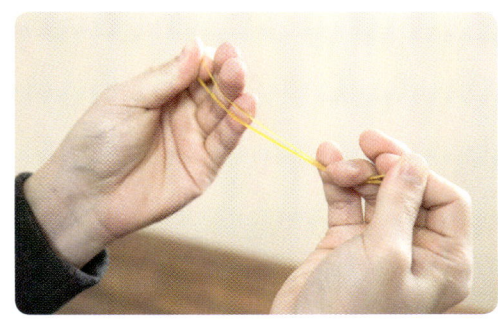

Trick 2 상대에게 말을 시키면서 빠른 손놀림을 이용해 순간적으로 두 줄을 겹쳐 한 줄처럼 늘어뜨린다. 상대방이 눈치채지 못하게 빠르게 하고 손의 움직임을 최소화한다.

Trick 3 양끝을 잡을 때는 사진과 같이 엄지와 검지로 잡는다.

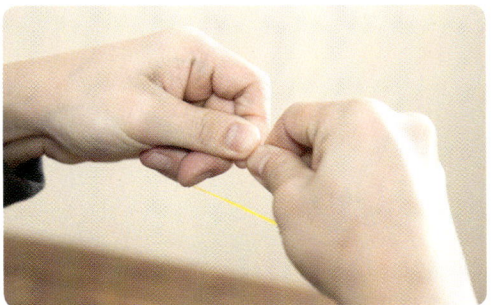

Trick 4 순식간에 이어져 있는 고무줄 어느 한 부분을 잡고 있는 것처럼 양 끝이 맞닿게 한다. 상대방은 한 개의 고무줄일 것이라고 생각한다.

고무줄을 끊을 때 정말 이로 끊는 것처럼 표정과 소리로 연출하면 상대방은 믿을 수밖에 없겠죠?

Trick 5 고무줄이 살짝 맞닿은 부분을 입 쪽으로 가져가며 끊는 척한다. 상대방이 진짜인 것처럼 믿도록 고무줄 튕기는 소리까지 내는 것이 중요하다.

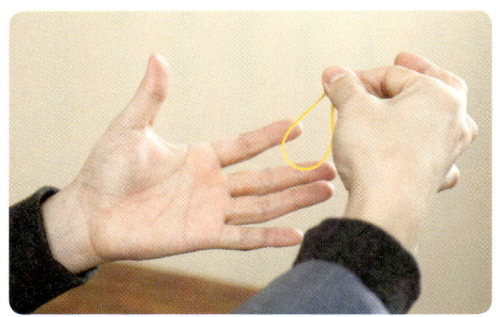

Trick 6 고무줄을 잡고 있던 손 중 한 쪽을 놓는다. 이때 상대방은 고무줄을 잡고 있는 손이 끊어진 부분을 잡고 있다고 생각한다.

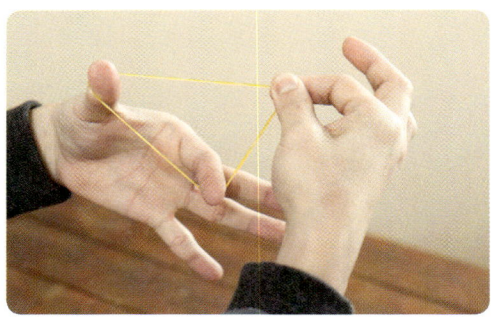

Trick 7 고무줄을 잡지 않은 손의 엄지와 검지를 고무줄 사이에 끼운다.

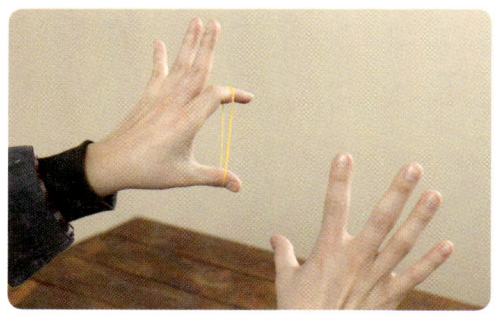

Trick 8 고무줄 사이에 끼운 엄지와 검지를 벌려 고무줄을 쭈욱 늘이다가 고무줄을 잡고 있던 다른 쪽 손을 놓아 버리면? 어느새 감쪽같이 붙어 있는 고무줄! 물론 이 고무줄은 끊어진 적이 없다.

 꼭 체크해야 할 비법
고무줄을 끊은 척한 뒤 고무줄을 길게 잡아당겨야 두 줄이 한 줄처럼 보이겠지요? 끊어지지 않도록 주의하며 길게 늘이는 것이 포인트!

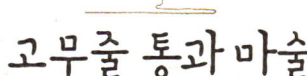

고무줄 통과 마술
🍀 고무줄 마술 ③ 🍀

♥ 야외에서의 마술은 실내에서보다 집중력이 떨어지기 때문에 최대한 간단한 도구를 이용하는 것이 좋다. 더불어 마술의 결과를 한눈에 확인할 수 있어야 효과가 극대화된다. 이번 고무줄 마술은 간단하면서도 그녀가 깜짝 놀랄 만큼 신기한 고무줄 통과 마술이다.

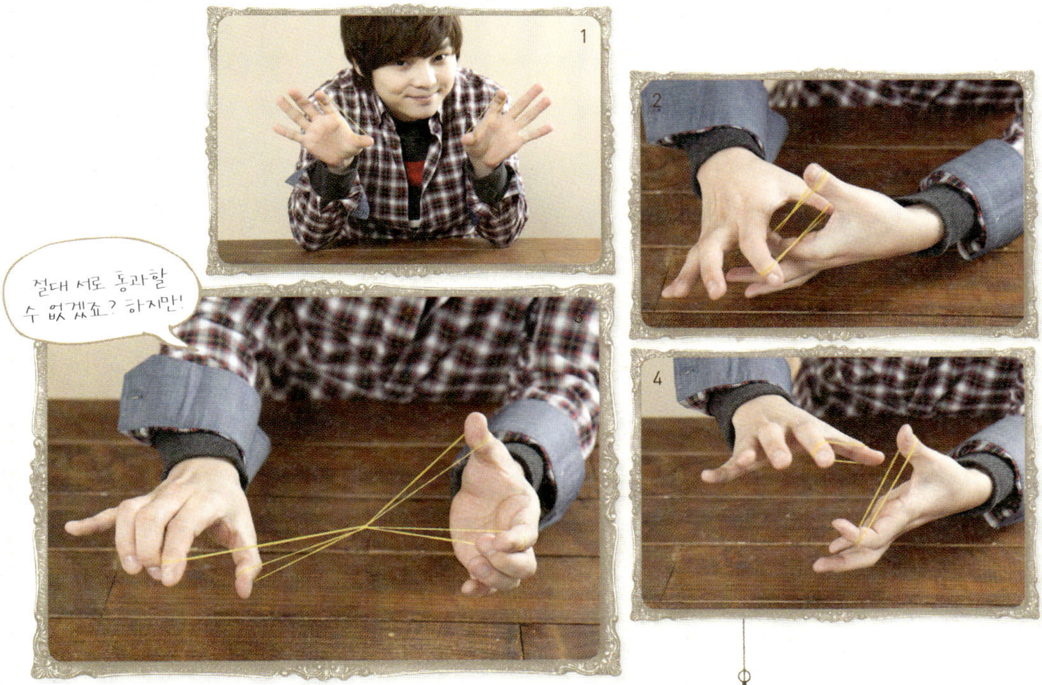

절대 서로 통과할
수 없겠죠? 하지만!

1 고무줄 두 개를 준비한다.

2 사진처럼 한 개의 고무줄은 왼손 엄지와 검지에, 또 다른 고무줄은 왼손에 끼운 고무줄과 손 사이를 통과시켜 오른손 엄지와 검지에 끼운다.

3 사진처럼 각각의 고무줄은 서로 통과할 수 없다! 가위로 자르거나 손가락을 빼지 않는 한 절대 통과 불가!

4 그런데 어느 순간 고무줄이 서로 통과한다. 놀란 상대방은 온통 당신의 손가락에만 집중할 것이다.

고무줄 통과 마술의 비밀

준비물 고무줄 두 개

Trick 1 두 개의 고무줄을 준비한다. 왼손 엄지와 검지에 고무줄을 낀 뒤 다른 고무줄을 첫 번째 고무줄과 왼손 사이로 통과시켜 오른손 엄지와 검지에 낀다.

Trick 2 오른손의 중지를 검지 위로 살짝 갖다 대며 고무줄을 두 손가락 사이에 고정시킨다.

Trick 3 중지로 고무줄을 눌러 고무줄을 놓치지 않게 하면서 검지를 조금씩 고무줄에서 뺀다. 이어서 검지를 엄지에 낀 고무줄 사이로 끼운다.

Trick 4 검지를 엄지에 걸친 고무줄 사이에 끼우면서 중지가 잡고 있던 고무줄을 놔 주어야 한다. 바로 이어 엄지와 검지를 벌린다. 상대방이 손가락의 움직임을 잘 볼 수 없도록 재빠르게 손을 움직인다.

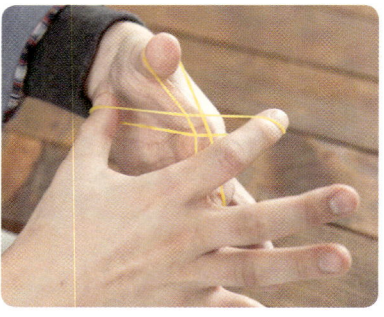

Trick 5 이렇게 하면 오른손의 고무줄은 밖으로 완전히 빠져나오게 된다. 하지만 고무줄끼리 살짝 눌리게 해 서로 엉켜 있는 것처럼 보이게 한다.

Trick 6 그리고 "잘 보세요~." 하고 말하며 자연스럽게 고무줄을 살살 흔들며 분리해 주면 자연스럽게 고무줄이 서로 통과하는 것처럼 보인다.

> 왼손 엄지와 검지 대신 상대방 양쪽 엄지에 걸어 놓고 해도 효과 만점! 세계적인 마술사 데이비드 커퍼필드가 했던 마술 중 하나입니다.

🎩 꼭 체크해야 할 비법
고무줄이 이미 빠져나왔을 때, 빠져나오지 않는 척하며 고무줄끼리 대고 눌러 주며 연출하는 것이 포인트!

고무줄 엘리베이터

♣ 고무줄 마술 ④ ♣

♥ 마술의 상황에 따라 표정을 리얼하게 지으면 상대방이 느끼는 것 또한 180° 달라진다. 그녀에게 마음을 담아 최선을 다해 보여 준다는 기분으로 멋지게 마술을 연출해 보자!

이제부터 첫 줄에 걸려 있는 지폐가 한 칸씩 아래로 내려갑니다~!

1 고무줄 두 개를 준비하고 지폐 한 장을 상대방에게 빌린다.

2 고무줄 두 개를 양손 검지와 새끼손가락에 걸어 잡아당긴다. 그러면 평행한 네 개의 줄이 생긴다.

3 고무줄 때문에 양손을 움직일 수 없으니 지폐를 길게 반으로 접어 첫 번째 줄에 걸어 잡아 달라고 부탁한다.

4 양손을 흔들며 "2번으로 이동!" 하고 큰 소리로 주문을 외우면 갑자기 첫 번째 줄에 있던 지폐가 두 번째 줄로 이동한다.

5 다시 양손을 흔들며 "3번으로 이동!" 하고 외치자 이번에는 지폐가 세 번째 줄로 이동한다. 다시 양손을 흔들자 이번엔 네 번째 줄로 이동! 마치 엘리베이터로 이동하듯 아래로 내려오는 고무줄 엘리베이터 마술!

고무줄 엘리베이터의 비밀

준비물 고무줄 두 개, 지폐 한 장

Trick 1 양손의 검지와 새끼손가락에 고무줄을 연결해 두고 먼저 상대방에게 "지폐 한 장만 빌려 주실래요?" 하고 부탁한다. 상대가 지폐를 꺼내는 사이 재빠르게 다음과 같이 세팅을 해 둔다.

Trick 2 왼손 엄지로 네 번째 고무줄을 당겨 올린다.

Trick 3 그림과 같이 맨 아랫줄의 고무줄이 왼손 엄지와 오른손 새끼손가락에 걸리게 된다.

Trick 4 오른손 엄지로 사선으로 걸려 있는 고무줄을 당겨 올린다. 이렇게 하면 원래의 순서에서 네 번째 고무줄이 가장 위로 올라오게 된다.

Trick 5 양손의 중지와 약지를 빼 고무줄의 두 번째 칸과 세 번째 칸에 넣는다.

Trick 6 중지와 약지를 넣고 주먹을 쥔다.

Trick 7 "지폐를 첫 번째 고무줄에 걸어 주실래요?" 상대방에게 부탁한다.

Trick 8 그림과 같이 고무줄에서 엄지를 빼내면 지폐가 한 칸 아래로 이동한다.

지폐 대신 시계나
팔찌를 이용해도 좋아요.
놀이공원에서 기다릴 때는
티켓으로 해도 되겠죠?

Trick 9 이번에는 중지를 피면서 고무줄을 빼면 지폐가 엘리베이터를 타는 것처럼 한 칸 아래로 이동한다. 같은 방법으로 약지를 펴면서 고무줄을 빼면 한 칸 아래로 이동한다.

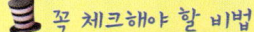
🎩 꼭 체크해야 할 비법
상대방의 시선을 보면서 눈치채지 못하도록 매우 빠르게
고무줄을 세팅하는 것이 포인트!

난이도
★★★☆

고무줄의 사랑타령

♣ 고물줄 마술 ⑤ ♣

♥ 아무리 애정도가 높은 커플이라 해도, 하루 종일 같이 있다 보면 가끔은 다투거나 마음이 상하는 일이 있을 수 있다. 풀고 싶지만 자존심이 허락하지 않을 때나 내가 잘못했지만 사과하는 타이밍을 놓쳤을 때, 그녀에게 모른 척하고 이 마술을 한 번 보여 주자!

고무줄아 붙어라! 얍!

고무줄아 떨어져라! 얍!

1 두 개의 고무줄을 양손의 검지와 새끼손가락에 걸어 잡아당긴다.

2 "첫 번째 고무줄은 내 고무줄이고, 두 번째 고무줄은 당신 고무줄이에요. 당신과 나의 고무줄을 이어 주고 싶은데 가운데 두 줄을 잡아서 잠시 붙여 주실래요?"

3 앗! 가운데 두 줄의 고무줄을 살짝 잡았을 뿐인데, 고무줄이 서로 엇갈려 있다! 앞으로 봐도 뒤로 봐도 고무줄은 엇갈려 있다.

4 상대방에게 다시 한 번 고무줄을 잡았다 놓아 달라고 부탁한다.

5 잡았다 놓자마자 이번엔 엇갈려 있던 고무줄이 다시 처음처럼 풀어져 있다. "당신이 고무줄을 엮었다 풀어낸 것처럼 우리의 인연은 당신의 손에 달려 있답니다."

고무줄 사랑타령의 비밀

준비물 고무줄 두 개

Trick 1 검지와 새끼손가락에 고무줄을 각각 끼운다.

Trick 2 왼손의 중지와 약지로 세 번째 고무줄을 걷어 올려 검지에 걸린 고무줄 사이에 넣으며 손가락을 오므린다.

Trick 3 그러면 가운데에 X자 모양이 만들어진다. 이어서 오른손 중지와 약지를 화살표처럼 반대편 X자 사이에 넣어 교차된 고무줄을 당겨 온다.

Trick 4 이렇게 하면 처음처럼 네 줄의 평행선이 생기게 된다.

Trick 5 이때 왼손 중지로 세 번째 줄을 두 번째 줄과 교차되도록 올린다. 이때 가운데에 또 X자가 만들어진다.

Trick 6 오른손의 중지를 교차된 부분 건너편에 넣어 교차된 고무줄을 당겨 온다. 동시에 양손의 약지를 빼낸다.

Trick 7 이 모든 과정을 거치면 앞에서 볼 때 사진처럼 처음같이 네 줄 평행선이 된다. 하지만 양쪽 중지에는 고무줄이 꼬여 있다.

Trick 8 고무줄 세팅이 끝나면 상대방에게 엄지와 검지로 두 번째, 세 번째 고무줄을 같이 잡아 비벼 달라고 한다.

Trick 9 이때 고무줄을 비빌 때 고무줄을 잡고 있는 양손을 함께 흔들며 오른손 중지를 슬며시 빼낸다.

Trick 10 상대방이 손을 놓으면 가운데 부분의 고무줄이 교차되어 있다.

Trick 11 다시 한 번 꼬인 부분을 엄지와 중지로 잡아 달라고 이야기한다. 이때 왼손의 엄지와 중지 끝으로 잡는 방법을 가르쳐 주는 척 움직이다가 중지를 뺀다.

Trick 12 이렇게 되면 양손의 중지에 꼬여 있던 고무줄이 모두 풀리면서 처음과 같은 네 줄의 평행선이 생기게 된다.

> 마술사의 능력이 아닌 상대방의 능력에 의해 이루어진 마술이라는 것을 이야기하며 연출하면 상대방의 기분이 엄청 좋아지겠죠?

꼭 체크해야 할 비법
상대방이 고무줄을 잡고 있을 때 양손을 흔들면서 자연스럽게 손가락을 빼 내는 것이 포인트!

아래에서 위로 올라가는 이상한 반지

🍂 고무줄 마술 ⑥ 🍂

♥ 마술이 신비하게 느껴지는 이유는 절대 일어나지 않을 것 같은 일들이 눈앞에서 벌어지기 때문이다. 그 중 제일 신기한 마술은 자연의 힘을 거스르게 하는 마술이 아닐까? 이번 마술은 중력의 힘을 거스르는 아주 신기한 마술이다.

앗! 반지가 아래에서 위로 올라간다!

1 노란 고무줄과 반지를 준비한다.

2 노란 고무줄을 끊어 상대방에게 확인시켜 준다.

3 반지를 고무줄에 끼운다. 오른손, 왼손을 번갈아 올렸다 내렸다 하면서 반지가 고무줄을 타고 내려가는 모습을 보여 준다.

4 어! 그런데 고무줄 위의 반지가 어느 순간 이상하게 움직이다. 분명 반지는 기울어진 고무줄을 타고 아래로 내려가야 하는데 반대로 고무줄을 타고 아래에서 위로 올라가고 있다. "별거 아닙니다. 제가 반지에 사랑의 힘을 조금 넣었을 뿐이지요!"

아래에서 위로 올라가는 이상한 반지의 비밀

준비물 고무줄 한 개, 반지 한 개

Trick 1 반지와 고무줄 한 개를 준비한다. 고무줄을 끊고 고무줄이 이상이 없는지 상대방에게 확인시킨다.

Trick 2 고무줄에 반지를 끼우고 고무줄을 좌우로 번갈아 기울여 반지가 고무줄을 타고 내려가는 모습을 보여 준다. "지금부터 반지가 아래에서 위로 이동할 것입니다!"

고무줄의 반 정도 되는 지점을 잡는다.

Trick 3 왼손으로 반지와 고무줄을 잡고 상대방을 보며 말한다. "아무래도 자연의 순리를 거스르는 일이라 당신의 힘이 필요할 것 같아요. 구호를 외쳐 주실래요?" 상대방이 구호를 생각하는 동안 오른손으로 고무줄의 중간 정도 되는 지점을 잡는다.

반지가 없다면 열쇠고리나 시계를 이용해도 됩니다.

Trick 4 이때, 왼손과 오른손이 이루는 경사면이 너무 급하지 않게 왼손이 오른손보다 조금 높다라는 느낌만 주도록 잡는다. 상대방이 구호를 외치기 시작하면 오른손의 고무줄을 천천히 조금씩 놓는다. 그러면 오른손 끝에 있던 반지가 왼쪽 위로 움직이기 시작한다.

> 🎩 꼭 체크해야 할 비법
> 상대방에게 구호를 외쳐 달라고 하며 상대방을 보면서 오른손으로 고무줄을 반 정도 당겨 잡는 것이 포인트!

마술사 최현우에게 물어봐!

마술이 원활한 커뮤니케이션이나 상대에게 호감을 주는 데 도움을 주는 이유는?

남자가 여자에게 대시를 했을 때 흔들리는 다리 위에서 잘 될 확률이 고정된 다리 위에서보다 두 배 이상 된다고 합니다. 신체가 고정되어 있을 때보다 흔들리는 곳에서 마음이 더 쉽게 움직이기 때문입니다. 이는 사귄 지 얼마 안 되는 연인이 놀이동산에서 급격히 관계가 가까워지는 이유와 비슷합니다.

마술도 일맥상통합니다. 비록 신체에 변화를 주는 것은 아니지만 마술을 이용해 신기함과 놀라움을 주면 상대방은 마음을 조금 더 쉽게 열 수 있다는 것이죠. '내 마음을 어떻게 알았지?', '이걸 어떻게 맞췄을까?' 생각하다 보면 궁금해지기도 하고 놀랍고 신기한 마음에 경계심이 풀어지기도 합니다. 때문에 마술은 사람들과의 커뮤니케이션이나 남녀 관계에 많은 도움을 주는 아주 좋은 방법 중 하나입니다.

5

IN PARTY

그녀와 함께하는 신나는 파티

그녀의 기분을 '업' 시켜라!

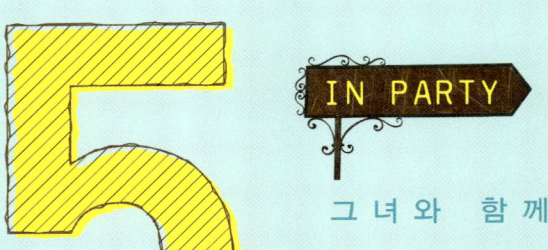

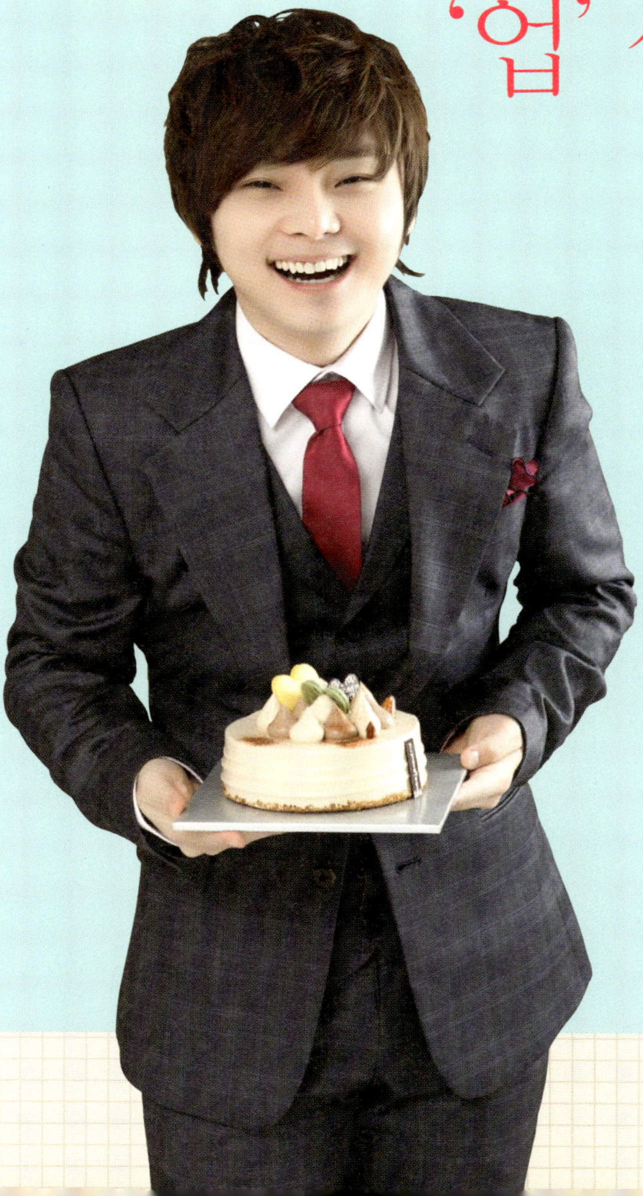

Episode #5

"좋은 거 먹었어? 요새 얼굴이 좋아졌네."

"뭐가 그리 좋아? 웃음이 떠나질 않는군……."

요즘 내가 자주 듣는 말이다.

회의 중에도 실없이 웃게 되고, 야근을 해도 피곤한 줄 모르겠다.

무엇보다 일밖에 모르던 내가

이제 퇴근 시간을 목 빠지게 기다린다.

그렇다! 나는 요즘 사랑에 빠졌다.

그것도 아주 푸~욱 빠졌다.

그런 나의 모습을 지켜보던 나의 친한 직장동료 지석은 못내 궁금한가 보다.

"요새 좋은 일 있지? 혼자만 그러지 말고 나도 좀 같이 하자! 응?"

마침 오늘은 'Magic 人 커플모임'이 있는 날이다.

사랑에 빠지고 싶은 이 녀석도 한번 와 보라고 권했다.

물론 나의 그녀, 윤서도 초대했다.

모임에서 윤서를 보더니 지석이 귓속말로 이야기한다.

"요즘 네 삶의 비타민이구나?"

여기저기서 동호회원들의 작은 마술쇼가 펼쳐졌다.

그리고 윤서가 보고 있는 가운데
나의 작은 '매직 쇼'가 펼쳐졌다.

어려운 것은 사랑하는 기술이 아니라 사랑을 받는 기술이다.

—알퐁스 도데

종이컵 속 숨겨진 동전을 찾아라!

🌿 종이컵 마술 🌿

❤ 만난 지 얼마 되지 않은 커플이라면 연인과 함께 가는 파티나 모임이 어색하거나 불편할 수도 있다. 특히 많은 사람들을 한꺼번에 만나 이야기하는 것은 부담스러울 것이다. 이럴 때는 이웃하여 앉은 몇 몇 사람들과 친해질 수 있도록 함께 즐길 수 있는 마술을 준비하자.

> 한 개의 종이컵 속에 동전을 숨겨 주세요!

> 동전이 없는 두 종이컵의 위치를 바꾸어 주세요!

> 자, 당신의 마음을 어디에 숨겼는지 맞춰 볼까요?

1 종이컵 세 개와 동전 한 개를 상대방에게 확인시켜 준다.

2 한 개의 종이컵 속에 동전을 숨겨 달라고 한다. 동전을 어디에 숨겼는지 알지 못하도록 고개를 돌리거나 눈을 가린다.

3 그리고 동전을 숨기지 않은 두 개의 종이컵의 위치를 바꿔 달라고 한다.

4 과연 보지 않고도 동전이 어디 있는지 단번에 알아챌 수 있을까? 신기하게도 망설임 없이 집어든 한 개의 종이컵 속에 상대방이 숨긴 동전이 있다.

종이컵 속 숨겨진 동전의 비밀

준비물 종이컵 세 개, 동전 한 개

Trick 1 상대방에게 종이컵이 이상이 있는지 없는지를 확인시키면서 가운데 종이컵을 들어 손톱으로 살짝 흠집을 내어 준다.

Trick 2 상대방에게 종이컵 하나에 동전을 숨긴 뒤 나머지 두 개의 종이컵의 위치를 바꿔 달라고 한다.(이해를 돕기 위해 흠집 낸 종이컵에 X 표시를 해 두었다.)

Trick 3 흠집 낸 종이컵이 어디에 있느냐에 따라 동전이 있는 종이컵을 알 수 있다. 흠집 낸 종이컵이 가장 왼쪽에 있다면 가장 왼쪽의 컵과 흠집 낸 컵을 바꾼 것이므로 가장 오른쪽에 동전이 있다는 것을 뜻한다.

Trick 4 사진과 같이 X표시가 된 종이컵이 가장 오른쪽으로 가 있다면 동전은 그 반대쪽인 가장 왼쪽 컵에 있다는 것을 확인할 수 있다.

Trick 5 가운데 숨겼을 경우 양쪽의 종이컵이 바뀌기 때문에 흠집을 낸 컵의 위치는 변하지 않는다. 상대방이 모르게 자신만의 방법으로 종이컵에 표시를 해 두면 동전이 들어 있는 종이컵을 금세 알아맞힐 수 있는 쉽고 재미있는 마술!

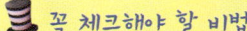

종이컵에 상대방이 눈치 채지 못하도록 표시를 해 두는 것이 중요합니다.

🎩 **꼭 체크해야 할 비법**
상대방이 확실히 이해할 수 있도록 규칙을 잘 설명해 주는 것이 중요합니다. 종이컵을 잘못 바꾸거나 하면 마술에 실패할 수도 있으니까요.

손을 통과한 립스틱

♣ 립스틱 마술 ♣

♥ 신나는 파티에서 인상적인 마술을 펼치고 싶다면 손을 통과하는 립스틱 마술이 제격이다. 그녀에게 잠시 립스틱을 빌려 빨간 립스틱이 손바닥을 통과하는 것처럼 연출해 보자. 여러 사람이 모인 특별한 자리에서 주목을 받으며 당신의 매력지수는 배가될 것이다.

이제, 손등에 묻은 립스틱이 손을 통과해 손바닥 안으로 전달됩니다.

1 상대방에게 립스틱을 빌린다. "양손 중 어느 손이 더 예쁘다고 생각하세요? 그 손을 잠깐 보여 주실 래요?"라고 말한다.

2 그리고 그녀의 손등에 립스틱을 묻히고, 주먹을 쥐게 한다.

3 손등에 묻은 립스틱을 손가락으로 문지르며 손등 에 묻은 립스틱이 이제 특별한 힘에 의해 손바닥 안으로 전달될 것이라고 주문을 외우듯 말한다. 이를 지켜보는 상대방은 말도 안 되는 일이라고 생각할 것이다.

4 하지만 손을 펴 보니 손바닥 중앙에 빨간 립스틱 이 묻어 있다! 정말 손등의 립스틱이 손을 통과한 것일까?

손을 통과한 립스틱의 비밀

준비물 립스틱

Trick 1 상대방에게 자연스럽게 빌린 립스틱을 손장난 치 듯 가지고 놀면서 이야기한다. "저쪽 창문에 달린 장식이 예 쁜데 무슨 모양인지 잘 모르겠어요." "손목시계가 참 예쁜 것 같아요?" 등 립스틱에서 시선을 떼게 하기 위해 다른 이 야기를 하며 슬쩍 손가락에 립스틱을 묻혀 놓는다.

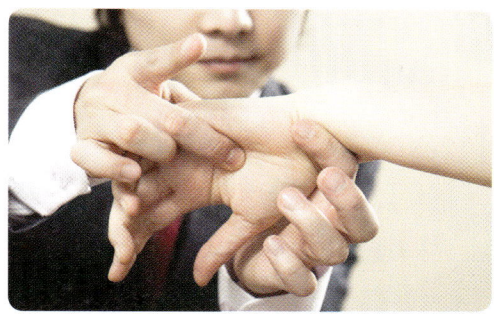

Trick 2 상대방 몰래 손가락에 립스틱 묻히기에 성공했다 면 상대방에게 한 손을 달라고 한다. 수줍게 내민 상대방의 손을 양손으로 잡는다.

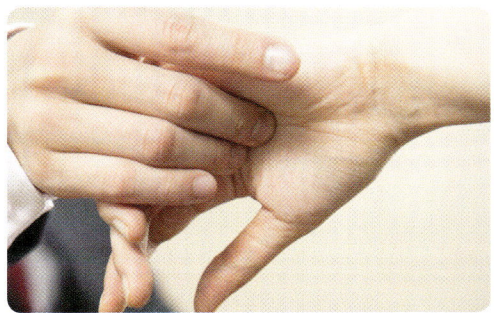

Trick 3 립스틱을 묻힌 손가락에 슬쩍 힘을 주어 상대방 의 손바닥에 립스틱을 묻힌다. 한 손가락에만 힘을 주지 말 고 적당히 힘을 분산시켜 눈치 채지 못하게 한다.

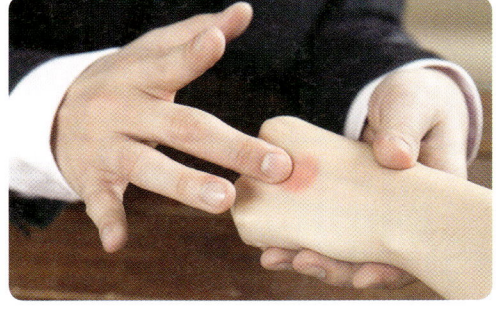

Trick 4 립스틱 묻히기에 성공했다면 주먹을 꼭 쥐게 한 다. 그리고 립스틱을 집어 들어 상대방의 손등에 바른 후 이 미 립스틱이 묻은 손가락으로 상대 손등을 살살 문지른다. "자, 이 립스틱이 당신의 손을 통과할 거예요!"

Trick 5 상대방에게 손을 펴 보라고 한다. 앗! 손바닥에 빨 갛게 립스틱이 묻어 있다.

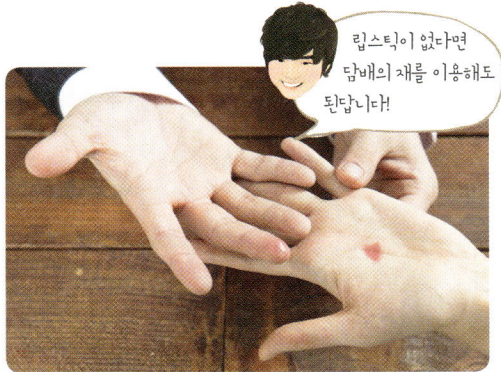

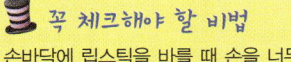
립스틱이 없다면 담배의 재를 이용해도 된답니다!

🎩 꼭 체크해야 할 비법
손바닥에 립스틱을 바를 때 손을 너무 세게 누르지 않도 록 주의하세요. 눈치채지 않도록 부드럽게 묻히는 것이 중요합니다.

타 버린 종이가 말해 주는 진실

♣ 카드 마술 ♣

가끔은 많은 사람들 앞에서 "이 여자는 제 여잡니다."라고 소개하고 싶을 때가 있죠? 하지만 직접적으로 말하자니 낯부끄럽고, 안 하기에는 서운하고⋯⋯. 이럴 때 써먹기 적절한 마술이 있다. 응용만 잘한다면 여러 가지 상황에 유용한 마술이 될 것이다.

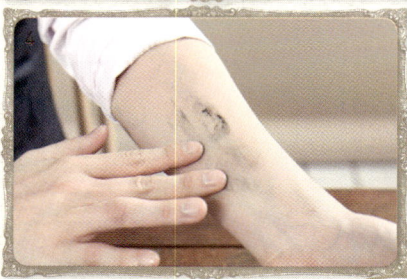

이제 당신밖에 모르는 카드의 재가 새로 알아맞혀 볼까요?

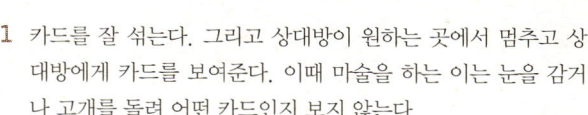

당신이 본 카드가 하트 3이라는 것을 담뱃재가 말해 주는군요!

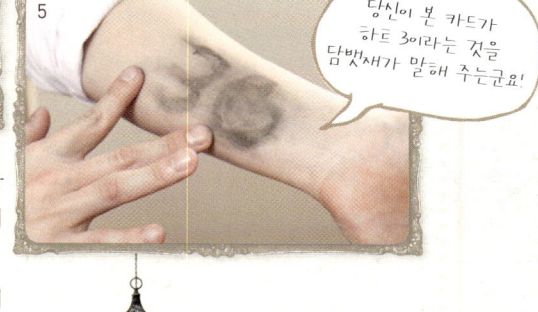

1 카드를 잘 섞는다. 그리고 상대방이 원하는 곳에서 멈추고 상대방에게 카드를 보여준다. 이때 마술을 하는 이는 눈을 감거나 고개를 돌려 어떤 카드인지 보지 않는다.

2 상대방에게 준비된 종이에 펜으로 보았던 카드를 적어 여러 번 접어 달라고 한다.

3 종이에 적힌 내용을 절대 볼 수 없도록 하기 위해 종이를 불에 태운다. 이때 완전한 재가 될 때까지 끝까지 태워 없앤다.

4 종이의 재를 손가락에 묻혀 팔 안쪽에 쓱쓱 문지른다.

5 놀랍게도 상대방이 본 카드인 '3♡'가 팔에 나타난다.

타 버린 종이가 말해 주는 진실의 비밀

준비물 카드, 펜, 종이, 라이터, 입술 보호제

Trick 1 원하는 카드가 맨 아래에 오도록 미리 카드를 세팅한다.

Trick 2 상대방 앞에서 힌두셔플(22쪽 참조)을 이용해 카드를 섞는다. '힌두셔플'이란 맨 위에서부터 카드를 조금씩 빼 섞어 주는 기술을 말하는데 힌두셔플의 특징은 카드전부를 왼손으로 내려놓기 전까지 맨 아래의 카드가 바뀌지 않는다는 것이다. 상대방이 어디에서 '그만'을 외치든 맨 밑의 카드는 항상 같은 카드가 될 수밖에 없다.

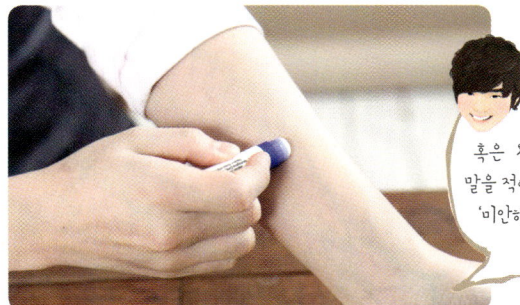

팔에 쓰는 문구는 카드의 결과와 상관없이 '넌 내꺼야!' 혹은 '사랑해!' 등 그녀에게 하고 싶은 말을 적어도 됩니다. 화해하고 싶을 때는 '미안해 그리고 사랑해'와 같은 사과의 문구도 좋겠죠?

Trick 3 다 타고 남은 재를 묻혀 팔에 칠했을 때 글씨가 나타나게 하는 방법은 바로 입술 보호제이다. 원하는 카드의 모양과 숫자를 미리 써 놓고 마술을 시작하도록 한다.

🎩 꼭 체크해야 할 비법

상대방에게 카드의 모양과 숫자를 기억하게 하고 종이에 쓴 뒤 태우는 것은 마술의 결과에 아무런 영향을 주지 않습니다. 이런 행위들은 상대방으로 하여금 마술 결과에 많은 기대감을 갖도록 하는 유도하는 장치인 셈이지요. 카드 포스는 본인에게 익숙한 기술로 선택해 연출하세요.

꼬인 팔을 풀어라!

❦ 신체 마술 ❦

♥ 많은 사람들이 모인 자리에서는 가끔 여러 사람이 함께할 수 있는 마술을 보여 주는 것도 좋다. 여러 사람들의 주목을 받고 웃음을 이끌어 내는 남자친구에 대해 자부심을 갖도록 한 번 제대로 펼쳐 보자.

1

저 한 번 따라 해 보실래요?

2

3

4

꼬인 팔이 완벽하게 풀렸네요?

1 상대방에게 팔을 쭉 펴 보이며 따라 해 보라고 말한다.

2 오른손을 왼손 아래로 보낸 뒤 왼손과 마주보도록 하고, 팔이 풀어지지 않도록 깍지를 끼우라고 한다.

3 엄지를 내리게 한다. 상대방도 따라 내리는 것을 확인한다.

4 "그럼 이렇게도 하실 수 있나요?" 아래로 향했던 엄지를 돌려 위로 올라오게 한다. 과연 상대방도 따라 할 수 있을까?

꼬인 팔의 비밀

준비물 없음

Trick 1 상대방에게 따라 해 보라고 하며 양손을 쭉 뻗는다. 왼손과 오른손 손등이 마주 보게 팔을 돌려 달라고 친절히 설명한다.

Trick 2 그리고 오른팔을 밑으로 하여 팔을 교차한 뒤 깍지를 끼우라고 한다. 상대방이 잘 따라 할 수 있도록 몇 번 시범을 보인다. "서두르지 마시고 천천히 하세요."

Trick 3 깍지를 낀 후에 엄지를 내리라고 말한다. "엄지만 쭉 내밀어 보세요!" 아무것도 모르는 상대방은 그대로 따라 할 것이다.

Trick 4 이때 슬쩍 손을 풀고 상대방이 엄지를 잘 내렸든 잘 내리지 않았든 자신의 손으로 엄지를 감싸 쥐면서 고정시켜 준다. "맞아요! 그렇게 하는 거예요, 잘했어요!" 하며 친절하게 이야기한다.

Trick 5 이때 상대방은 자신의 손 모양만을 신경 쓰기 때문에 마술사가 어떤 손 모양을 하더라도 주의 깊게 쳐다보지 못한다. 이때를 이용해 재빠르게 팔을 꼬지 않고 깍지를 낀 뒤 엄지를 아래로 내린다.

여러 사람에게 동시다발적으로 보여 줄 수 있는 마술입니다. 어색하지 않게 연습해 여자친구의 기를 팍팍! 살려 주세요.

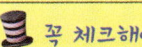

Trick 6 그리고 말한다. "자, 그럼 이렇게 한 번 따라 해 보실래요?" 꼬이지 않은 당신의 팔은 쉽게 엄지가 들어 올려지지만 여전히 꼬여 있는 상대방의 팔은 엄지가 들어 올려지지 않는다.

> 🎩 **꼭 체크해야 할 비법**
> 팔을 풀고 다시 깍지를 끼면서 눈치채지 않게 팔을 꼬는 척하는 것이 포인트!

6

행복한 그녀와의 오후 만찬!

당신만을 위한
특별 쇼

Episode #6

5시 30분. 1건의 문자 메시지 도착.

"민섭 씨 회사 근처로 외근 나왔는데
혹시 시간 되면 저녁 같이 먹을까요?"

그녀의 저녁 데이트 신청이다.

팀장님께서 쏜다는 회식도 마다한 채

6시 정각에 사무실을 뛰쳐나왔다.

무리 지어 쏟아져 나오는 넥타이 부대 속에 그녀가 서 있었다.

내 눈에는 오로지 그녀밖에 보이지 않았다.

회사 앞 상가 식당에서가 아닌 특별한 저녁을 사 주고 싶었다.

공원을 가로질러 도착한 한적한 레스토랑.

그녀의 문자 메시지를 받은 후

급하게 검색해서 찾은 분위기 좋은 레스토랑이다.

그녀와의 행복한 오후 만찬.

오늘도 나는 그녀를 위한 특별한 쇼를 잊지 않았다.

인생에 있어서 최고의 행복은 우리가 사랑받고 있음을 확신하는 것이다.

– 빅토르 위고

구부러졌다 펴졌다 이상한 나이프?!

♣ 나이프 마술 ① ♣

♥ 만난 지 얼마 안 된 커플들은 둘만의 만찬을 위해 레스토랑을 찾지만 식사 내내 머릿속엔 '뭘 하지?', '어떤 이야기를 하지?', '뭘 물어봐야 하지?' 이런 고민들로 가득하다. 식사 전에는 종업원이 따라 준 물만 벌컥벌컥 마시며 서로의 눈치만 보는 경우도 많을 것이다. 음식이 나오기 전에 테이블 위에 있는 도구로 할 수 있는 마술로 분위기를 잡아 보는 건 어떨까?

자, 지금부터 이 나이프가 어떻게 변하는지 잘 지켜보세요~

1

2

얍!

나이프가 엿가락처럼 구부러지네요?

3

짠! 감쪽같이 펴졌지요?

4

---

1 음식이 나오기 전에 테이블 위에 세팅된 나이프를 집어 든다. 바닥도 두드려 보고 접시도 두드려 보며 나이프에 이상이 없다는 것을 확인시킨다.

2 몇 번의 기합을 넣고 나이프를 두 손으로 잡고 테이블 위에 똑바로 세운다.

3 꾸욱 누르자 나이프가 구부러진다. 구부러진 나이프를 본 상대방은 분명 당황할 것이다.

4 구부러진 나이프의 가운데를 양손으로 잡고 펴자 앗! 나이프는 다시 원래대로 펴진다. 상대방의 표정은 어떻게 변할까?

구부러졌다 펴지는 이상한 나이프의 비밀

준비물 나이프 한 개

Trick 1 테이블 위에 세팅된 나이프를 들고 상대방에게 확인시킨다. 확인이 끝나면 나이프의 끝을 잡고 그림과 같이 세운다.

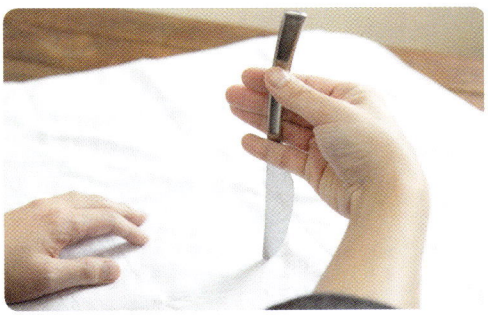

Trick 2 오른손 새끼손가락과 약지 사이에 나이프의 목 부분을 끼워 잡는다. 이렇게 하면 가운데 세 개의 손가락은 나이프 앞으로, 엄지와 새끼손가락은 뒤로 오게 된다.

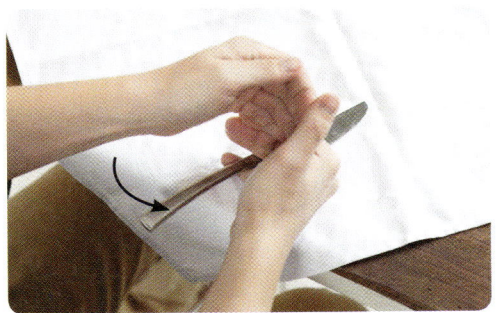

Trick 3 오른손으로 나이프를 고정하고 왼손으로는 오른손을 감싼다. 상대방이 보기에는 나이프가 고정된 듯 보이지만, 새끼손가락과 약지 사이에서 시소처럼 자유롭게 오르내릴 수 있다. 시소의 원리를 이용해 나이프 위쪽이 아래로 내려오게 하면 구부러지는 것처럼 보이는 것이다. 이때 양손은 처음과 같은 각도를 유지하며 기울어지지 않게 한다.

Trick 4 구부러진 것처럼 보이는 나이프를 들고 재빠르게 상대방이 눈치채지 않도록 손가락으로 가려 잡는다. 나이프 가운데를 잡고 부드럽게 펴 주는 척 연기를 한다.

Trick 5 양 끝을 잡고 나이프를 보여 주며 다시 펴진 것처럼 연출한다.

숟가락, 포크 등으로도 연출이 가능합니다. 단, 가끔 진짜로 휘어지는 경우가 있으니 꼭 미리 확인하세요!

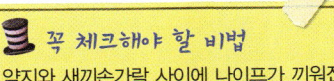 **꼭 체크해야 할 비법**
약지와 새끼손가락 사이에 나이프가 끼워진 것이 보이지 않게 왼손으로 잘 가려 주는 것이 포인트!

난이도
★☆☆☆

숟가락이 되어 버린 나이프

♣ 나이프 마술 ② ♣

♥ 레스토랑에서 스프가 나오기 전에 나이프를 스푼으로 바꾸는 마술은 더욱 좋은 호응을 얻어 낼 것이다. 식사는 더욱 맛있게, 분위기는 달콤하게 해 주는 나이프&스푼 마술!

스프를 먹으려면
스푼이 필요하겠네요!
나이프를 스푼으로
바꾸어 볼까요?

1 테이블 냅킨 위에 나이프를 올려놓는다.

2 나이프를 올린 테이블 냅킨을 김밥처럼 돌돌 만다.

3 다 만 테이블 냅킨을 향해 "얍!" 하고 기합을 넣는다.

4 거침없이 테이블 냅킨을 펼치자 나타난 것은 바로 스푼! "스프 맛있게 드세요~."

숟가락이 되어 버린 나이프의 비밀

준비물 나이프 한 개, 숟가락 한 개, 테이블 냅킨 한 장

Trick 1 테이블 냅킨을 펼쳐 보이면서 아무것도 없는 것을 확인시켜 준다. 테이블 냅킨을 다시 펼치는 척하며 무릎 위에 숨겨 놓은 숟가락을 냅킨 중앙에 놓는다.

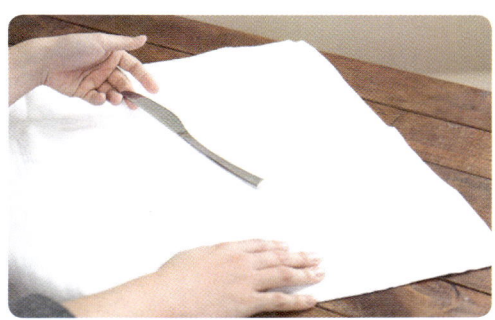

Trick 2 "스프를 먹으려면 숟가락이 필요하겠죠?" 하며 나이프를 테이블 냅킨의 중앙, 숟가락이 숨겨진 바로 위에 놓는다.

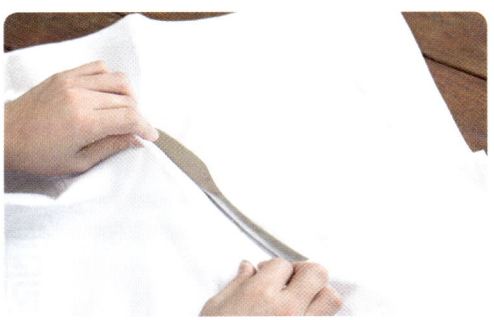

Trick 3 테이블 냅킨을 말기 시작한다. 이때 숟가락과 냅킨을 함께 잡고 나이프 위를 덮으며 말아 줘야 한다.

Trick 4 숟가락과 나이프가 부딪히는 소리가 나지 않도록 주의한다. 사진처럼 테이블 냅킨의 모서리가 위를 향하도록 뒤집는다.

Trick 5 뒤집어진 테이블 냅킨을 잘 정돈한 뒤 기합을 넣는다. 그리고 테이블 냅킨 모서리를 양손으로 잡고 재빠르게 펼친다.

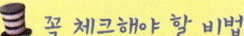

냅킨을 펼치려면 식사가 나오기 전에 하면 좋겠지요?

🎩 **꼭 체크해야 할 비법**
Trick 4의 사진처럼 테이블 냅킨을 자연스럽게 뒤집는 것이 포인트!

Trick 6 왼손으로 숟가락을 들어 올리며 오른손으로는 냅킨과 바닥에 숨겨 둔 나이프를 함께 들어 올린다.

Trick 7 "향이 좋은 스프네요! 맛있게 드세요~." 하며 상대방의 시선을 다른 곳으로 돌린 뒤에 나이프는 테이블 밑으로 래핑한다.

🎩 **꼭 체크해야 할 비법**
테이블 냅킨을 펼칠 때 너무 급하게 펼치지 않도록 주의하세요. 잘못하면 소리가 나거나 나이프나 숟가락이 바닥으로 떨어질 수도 있으니까요.

난이도
★★☆☆

동전과 후추통에 무슨 일이?

♣ 후추통 마술 ♣

♥ 마술사가 모든 마술을 매번 한 치의 오차도 없이 성공만 시킨다면 상대방의 긴장감은 조금씩 떨어지기 마련이다. 이럴 땐, 일부러 실수를 유발하는 연기도 필요하다. 실수 뒤, 훌륭한 마술을 보여 주었을 때 마술에 대한 만족도는 더욱 높아진다. 예정된 실수를 이용한 마술을 배워 보자.

자! 이제 동전이 후추통 안으로 들어갑니다. 얍!

1

2

하하…… 잘 안 들어가네요……

3

1 후추통과 동전, 그리고 냅킨을 준비한다.

2 상대방에게 후추통에 동전을 넣겠다고 이야기를 하며 냅킨으로 후추통을 감싼다.

3 냅킨으로 감싼 후추통으로 동전 위를 덮었다 위로 올렸다 하며 동전이 들어갈 것처럼 연기한다. 하지만 동전은 테이블 위에 계속 그대로 있다.

4 조금 더 신기한 마술을 보여 주겠다고 하며 실망한 상대방의 손을 잠시 내밀게 해 동전을 올린다.

5 그리고 냅킨 위로 상대방의 손을 힘껏 내리친다. 앗! 그런데 냅킨에 싸여 있던 후추통이 사라졌다!

6 냅킨에 쌓여 있던 후추통은 어디로 갔을까? 곧이어 테이블 아래에서 나타난 후추통. 혹시 테이블에 구멍이라도 뚫려 있던 게 아닐까?

Trick 1 후추통, 동전, 냅킨을 준비한다. 후추통 속으로 동전을 넣겠다고 큰소리를 친다. 상대방의 시선을 후추통이 아닌 동전에 집중시키기 위해서이다.

Trick 2 후추통에 냅킨을 씌운다. 이것 역시 후추통 속으로 동전을 넣기 위한 장치라고 이야기한다.

Trick 3 냅킨으로 감싼 후추통을 동전 위로 계속 올렸다 내렸다 하며 "자, 이제 통 속으로 동전이 들어갑니다!" 하고 이야기한다. 이때 상대방은 마술이라고 하니 통 속으로 어떻게든 들어갈 것이라고 생각한다. 하지만 동전은 그대로 있다. "실망하셨어요? 그래도 혹시 모르니 다시 한 번 해 보겠습니다!" 하고 말하며 다시 마술을 시작한다.

Trick 4 다시 한 번 동전 위로 후추통을 내리친다. 그러면서 동전을 테이블 앞까지 끌어온다. "사라졌을까요? 에! 왜 안 사라지지?" 하고 이야기하며 상대방의 시선을 동전으로 향하게 한다. 그 사이 냅킨 속 후추통을 무릎 위로 슬쩍 래핑한다.

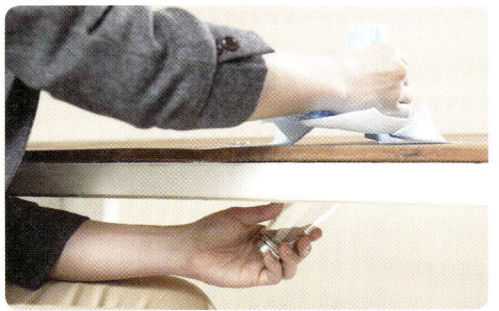

Trick 5 후추통을 감쌌던 냅킨은 그 모양을 잘 유지해 테이블 위에 쓰러지지 않게 놓는다. "죄송해요. 하지만 당신의 힘을 조금 빌리면 아주 훌륭한 마술을 완성시킬 수 있을 것 같은데요?" 하고 말하며 상대방에게 손을 요구한다. 냅킨을 내려놓음과 동시에 왼손으로는 타이밍에 맞추어 후추통으로 탁자 밑을 쳐 주어 후추통이 테이블 위에 있는 듯한 느낌을 준다.

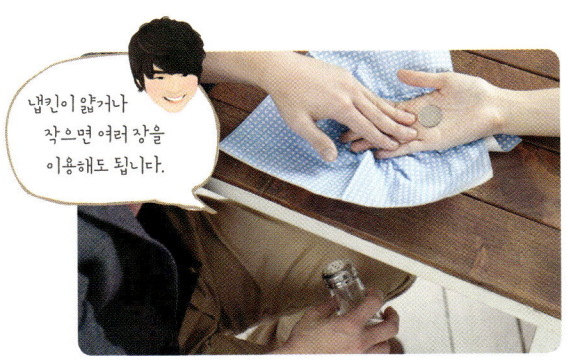

냅킨이 얇거나 작으면 여러 장을 이용해도 됩니다.

Trick 6 상대의 손바닥 위에 동전을 올려놓는다. 그리고 하나, 둘, 셋을 큰 소리로 세고 셋에서 상대방의 손을 힘껏 냅킨 위로 내려놓는다.

Trick 7 후추통을 테이블 아래에서 들어올린다. 실패한 동전 통과 마술에 대한 실망감만큼 테이블을 통과한 후추통 마술은 더욱 신기하게 느껴질 것이다.

🎩 **꼭 체크해야 할 비법**
냅킨이 후추통에 너무 꽉 끼인 나머지 통이 잘 빠지지 않을 수도 있으니 적당히 힘을 주어 감싸세요.

난이도
★★☆☆

포크를 먹는 사나이!

♣ 포크 마술 ♣

♥ 마술은 손기술이 50%, 연기가 50%라고 한다. 기술도 중요하지만 연기 또한 마술의 성공에 지대한 영향을 끼친다는 이야기다. 이 마술은 뛰어난 연기력을 펼쳐야 성공할 수 있는 마술이다. 그녀가 걱정할 정도로 아픈 표정을 지으며 포크를 먹어 보자.

> 아~ 이 포크 참 맛있다.

1 테이블 위에서 포크를 하나 집어 든다. "배가 고픈데 음식이 빨리 나오질 않네요. 포크라도 한 번 먹어 볼까요?" 당황한 상대방은 분명 이렇게 말할 것이다. "에이~ 포크를 어떻게 먹어요!"

2 믿지 못하는 상대방을 향해 포크를 입 안으로 집어넣기 시작한다.

3 괴로운 표정을 지으며 꾸역꾸역 포크를 목으로 집어넣는다.

4 끝까지 한 번에 쑤~욱 들어가는 포크.

5 너무나도 맛있는 표정을 지으며 환하게 웃어 보인다. "어머! 진짜 드신 거예요?"

포크를 먹는 사나이의 비밀

Trick 1 테이블 위의 포크를 잡는다. 포크는 두 손으로 가릴 때 보이지 않을 정도의 적당한 크기여야 한다.

Trick 2 포크를 그림처럼 가리면서 입으로 넣는 척을 한다. 이때 손가락 끝 사이로 포크가 보이게 해 진짜 먹을 것 같은 느낌을 줘야 한다.

Trick 3 포크가 목으로 들어갈 때 쯤 캑캑거리는 연기를 한다. 포크를 테이블 위로 내려놓으며 "제가 오늘 긴장을 많이 하나 봐요." 하면서 고개를 돌려 콜록콜록 기침을 한다.

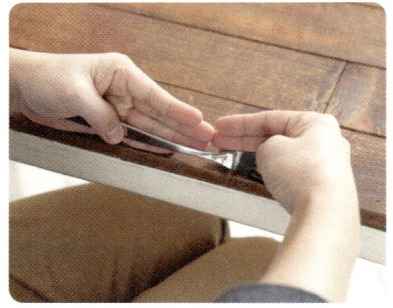

Trick 4 그리고 다시 포크를 잡고 당겨 와 살포시 무릎 위로 래핑한다. 래핑할 때 시선은 상대방을 향한다. 이때 테이블 위의 손 모양을 흐트러뜨리지 말아야 한다.

Trick 5 이제 양손에는 포크가 없다. 포크가 있는 것처럼 입 쪽으로 높이 들어 올린다.

볼펜이나 자 등 긴 문구류도 가능하니 레스토랑이 꼭 아니어도 되겠죠?

Trick 6 표정과 손 모양으로 포크가 목구멍 안으로 들어가는 연기를 한다. 그리고 마무리로 맛있게 먹는 표정까지 지으면 완벽하게 상대방을 속일 수 있다.

🎩 **꼭 체크해야 할 비법**
실제 나이프를 들고 있는 손 모양과 래핑 후의 손 모양이 동일해야 한다.

빵 속으로 들어간 동전!

❦ 동전 마술 ❦

물건이 없어졌다 나타나는 마술들은 언제 봐도 신기하다. 다른 사물과 바꿔치기하는 것이 아니라 상대방이 직접 제시한 물건들을 사라지게 한다면 상대방은 더욱 당신의 마술 쇼에 빠지게 될 것이다.

1 동전 하나를 빌린다.

2 상대방에게 동전에 펜으로 직접 사인하고 내려놓게 한다.

3 동전을 집어 들고 "지금부터 이 동전이 어떻게 되는지 잘 보세요!" 하고 말하자마자 동전이 감쪽같이 사라진다.

4 옆에 있는 빵을 집어 들고 반으로 자르자 앗! 빵 속에 동전이 있다! 분명 펜으로 표시한 그 동전이 확실하다. 상대방에게 건네주며 빵 안에 든 동전을 확인시킨다.

빵 속으로 들어간 동전의 비밀

준비물 동전 한 개, 빵 한 개

Trick 1 상대방에게 동전을 빌린 뒤 직접 동전에 사인을 하게 하고 바닥에 내려놓는다.

Trick 2 바닥에 놓은 동전을 오른손으로 잡는 척한다.

Trick 3 "당신이 준 이 동전이 사라져 이 빵에서 나오게 할 것입니다." 하고 말하며 오른손으로 동전을 당겨 무릎 위로 래핑한다. 래핑할 때 상대방의 시선이 빵을 향하도록 왼손은 빵을 가리킨다.

Trick 4 오른손에 동전이 있는 것처럼 손모양을 만들어 상대방은 동전을 잡고 있다고 생각하게 된다.

Trick 5 동전을 잡고 있는 척하는 오른손을 왼손으로 감싸 쥐며 동전을 가져가는 척한다. 이제 상대방은 동전이 왼손에 있다고 생각한다.

Trick 6 빵 위에 동전을 떨어뜨리는 듯 연기를 하며 손을 천천히 편다. 상대방은 이제야 어디에도 동전이 없다는 것을 알게 된다.

Trick 7 빵을 들고 "동전이 이 빵 속으로 들어가지 않았을까요?" 하며 상대방의 시선을 빵 쪽으로 유도한다. 이때 오른손으로 래핑된 동전을 핑거 팜 기술을 이용해 잡는다.

Trick 8 왼손으로 잡은 빵을 동전을 잡은 오른손 위에 놓는다. 사진과 같이 빵 뒤로 동전을 숨긴다.

Trick 9 상대방 앞으로 빵을 내밀며 살며시 빵을 반으로 갈라 동전을 보여 준다. "이 동전이 당신이 제게 빌려 준 동전 맞죠?"

같은 빵이라도 봉지 빵으로 하면 훨씬 더 신기해하겠죠? 이때 빵 봉지는 상대방에게 뜯게 하세요!

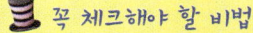

🎩 **꼭 체크해야 할 비법**
동전을 사라지게 하는 방법은 핑거 팜, 섬 팜, 클래식 팜 중 자신이 가장 익숙한 방법으로 선택하세요.

7

언제 어디서나!

휴대전화로
그녀를 사로잡는
법

Episode #7

낯선 번호로 온 문자 메시지.

저 오늘 휴대전화기 바꿨어요.
스마트폰으로요…….

윤서의 문자다.

며칠 전부터 휴대전화가 잘 되지 않는 것 같다더니

드디어 바꾼 모양이다.

최신 유행하는 패션에서부터 베스트셀러나 영화,

더불어 최근 이슈가 되는 사건, 사고까지 꿰고 있는 그녀가

지금까지도 스마트폰을 사용하지 않는 것이 이상했다.

알고 보니 사실 그녀는 기계치다.

아마 지금쯤 수많은 기능이 탑재된 스마트폰을

어떻게 써야 할지 고민에 빠졌을 것이다.

오늘도 그녀는 나의 도움이 필요할 것 같다.

게다가 새 스마트폰도 익숙하지 않은 그녀에게

스마트폰 어플리케이션 마술을 보여 주면

아마 깜짝 놀랄 것이다.

그녀의 놀란 얼굴을 볼 생각에

빨리 그녀에게 달려가고 싶다.

사랑할 수 있다는 것은 모든 것을 할 수 있다는 것이다.

— 안톤 체호프

당신이 선택한 그 카드!

♣ 어플리케이션 마술 ① ♣

♥ 스마트폰 가입자 2천 만 시대. 스마트폰으로 메일을 보내거나 길을 찾는다는 말은 구닥다리 옛말이다. 이제는 마술도 스마트폰으로 한다. 특별한 기술이나 도구가 없어도 스마트폰 하나면 OK! 시대에 발맞춰 빠르게 나오고 있는 마술 어플리케이션들 중 몇 가지를 소개한다.

> 이 중에 한 장의 카드만 선택해서 기억해 두세요. 무늬까지 정확하게 말이죠.

1

2

3

1 아이폰의 'Magic Princess' 어플을 실행한다. 상대방에게 카드 여섯 장을 보여 주며 한 장을 기억해 놓으라고 말한다.

2 상대방에게 확인이 끝난 뒤, 카드를 한 장씩 터치해 카드를 뒤집어 준다.

3 휴대전화를 여러 번 흔들어 카드를 섞어 준다.

당신이 생각한 그 카드만 사라졌군요?

4 다시 여섯 장의 카드를 재배치한다.

5 "당신이 생각한 카드가 이 카드일 것 같습니다." 하고 말하며
   카드 한 장을 클릭하면, 카드가 사라진다.

6 남아 있는 카드를 다시 터치해 뒤집으면 신기하게도 상대방이
   생각했던 그 카드만 사라져 있을 것이다.

준비물 'Magic Princess' 아이폰 어플리케이션

Trick 1 휴대전화 어플 중 'Magic Princess'라는 어플리케이션을 설치한다. 실행해 카드 여섯 장이 나오면 상대방에게 한 장을 기억해 두도록 한다. 여섯 장 중에서 상대방이 'J 다이아몬드'를 기억해 두었다고 가정해 보자.

Trick 2 카드를 한 장씩 터치해 뒤집은 다음 휴대전화를 흔들어 카드를 섞는다.

Trick 3 섞인 카드를 여섯 장이 다 보이도록 나란히 재배치한다. "이 카드가 바로 당신이 선택한 카드군요." 하고 말하며 한 장을 클릭하여 사라지게 한다.

Trick 4 남은 다섯 장의 카드를 클릭하여 뒤집는다. 상대방은 다섯 장의 카드 중 자신이 선택한 카드가 없음을 알게 된다. 이 어플리케이션은 섞은 후 뒤집으면 모든 카드의 알파벳과 색은 그대로지만 모양이 바뀐다. 따라서 처음에 기억해 둔 카드가 어떤 카드이든지 절대 찾을 수 없다.

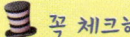 꼭 체크해야 할 비법
모든 카드의 모양이 바뀌었지만 사람들은 본인이 선택한 한 장의 카드만을 정확히 기억하기 때문에 그 점을 이용한 마술 어플리케이션입니다.

난 네가 터치한 시각을 알고 있다!

🎩 어플리케이션 마술 ② 🎩

♥ 상대방이 몰래 선택한 시간으로 돌아간 시계는 스마트폰을 흔들면 다시 현재 시간으로 돌아오지만, 몇 시를 선택했든 바로 맞출 수 있는 'Magic Watch' 어플이다. 이제, 그녀만의 시간을 맞추어 보자.

1

2

저는 보지 않을 테니 원하는 시간을 터치하세요!

3

4

5

당신이 터치한 시간을 알아맞혀 볼까요?

1 미리 준비한 시계 어플리케이션 'Magic Watch'를 보여 주며 설명한다. "원하는 시간을 터치하면 터치한 시간으로 돌아갔다가 핸드폰을 흔들면 현재 시각으로 돌아오는 어플리케이션이에요."

2 고개를 돌리거나 눈을 가리고 상대방에게 원하는 시간을 터치하라고 말한다. 터치하면 시계가 터치한 시간으로 돌아간다.

3 "핸드폰을 흔들어 주세요!"

4 핸드폰의 시간이 다시 현재 시각으로 돌아온다.

5 "자, 제가 당신이 터치한 시간을 맞춰 볼게요!" 하고 말한다.
"당신이 터치한 시간은~ 하루 중 당신이 제일 보고 싶은 시간! 10시입니다!"

준비물 'Magic Watch' 아이폰 어플리케이션

Trick 1 'Magic Watch' 어플리케이션을 실행한다. 화면에 나타난 손목시계에 현재 시간이 나온다.

Trick 2 원하는 시간을 터치하면 그 시간으로 시계가 돌아간다. 사진은 10시를 터치하는 모습이다.

Trick 3 휴대전화를 흔들면 다시 현재 시각으로 돌아온다.

Trick 4 사진은 휴대전화를 흔들어 현재 시각으로 돌아온 모습이다. 비밀은 회색 다이아몬드의 위치! 상대방이 원하는 시간을 터치한 후 휴대전화를 흔들면 시간은 현재 시간으로 돌아가지만 회색 다이아몬드의 위치가 달라진다. 사진에서처럼 10번째 줄이 회색 다이아몬드 줄로 바뀌었음을 보고 상대방이 10시를 터치한 것을 알 수 있다.

🎩 **꼭 체크해야 할 비법**
이 어플리케이션 트릭은 시계가 아니라 바탕화면입니다. 바탕을 이루고 있는 알록달록 다이아몬드는 총 12줄로 이루어져 있고 그 중 한 줄은 회색다이아몬드로 이루어져 있습니다. 회색 다이아몬드의 위치만 확인하면 마술 트릭 완성!

네 마음의 도형

♣ 어플리케이션 마술 ③ ♣

스마트폰의 기능은 하루가 다르게 발전하고 있다. 특히 스마트폰의 상·하·좌·우는 물론 수평 이동, 수직 이동까지 감지하는 첨단 감지 센서는 정밀한 움직임도 포착하는 고급 기능이다. 이 놀라운 기술을 활용해 첨단 마술을 연출해 보자.

1

DOODLE
v1.4

> 동그라미, 십자가, 물결, 네모, 별 중에 하나를 생각해 보세요. 제가 알아 맞혀 볼게요.

2

3

4

1 'I force' 어플리케이션을 미리 준비해서 상대가 보이지 않게 하나의 도형을 그려 둔다. 그리고 휴대전화를 뒤집어 놓는다.

2 상대방에게 동그라미, 십자가, 물결, 네모, 별 중에서 하나를 말해 보라고 한다.

3 그녀가 외친 모양은 별!

4 핸드폰을 뒤집으니 그림판에는 별이 그려져 있다.

준비물 'I force' 어플리케이션

Trick 1 휴대폰에서 'I force'라는 어플리케이션을 미국계 정을 이용해 설치한다. 화면에 백지의 그림판이 나타나면 여러 가지 색으로 그림을 그릴 수 있다.

Trick 2 두 손가락을 이용해 동시에 드래그하면 여러 가지 메뉴가 뜬다. 세 번째에 있는 EPS Symbols를 선택한다.

Trick 3 상대방이 안 보이게 그림판에 아무거나 그린 후 휴대폰을 뒤집는다.

Trick 4 휴대폰의 네 면에 비밀이 있다. 면마다 도형이 부여되어 있는데 1번에서 3번으로 뒤집으면 네모, 2번에서 4번으로 천천히 뒤집으면 별, 빨리 뒤집으면 동그라미가 나온다. 3번에서 1번으로 뒤집으면 십자가, 4번에서 2번으로 뒤집으면 물결이 나온다.

Trick 5 만약 상대방이 '별'을 외쳤다면 사진처럼 2번에서 4번으로 천천히 뒤집으면 된다. 빨리 뒤집으면 동그라미가 나오니 주의하자.

Trick 6 마음을 읽는 척 상대방을 물끄러미 쳐다보고 뒤집어 별을 보여 주면 상대방은 깜짝 놀랄 것이다.

🎩 꼭 체크해야 할 비법

이 어플은 방향 전환 센서를 이용한 마술입니다. 상대방이 말하는 숫자나 도형에 따라 뒤집기만 하면 되니 손기술 없이도 누구나 할 수 있는 간단한 마술이지요. 도형 외에도 여러 가지 메뉴가 있으니 선택해서 활용하세요.

숫자 6과 9의 상관관계

🍀 어플리케이션 마술 ④ 🍀

♥ 스마트폰, 태블릿 PC 등 가볍게 터치만 하면 되는 기기들이 점점 늘어나고 있다. 마술도 이렇게 쉽게 터치만 하면 짠! 하고 성공할 수 없을까? 있다. 바로 계산기 마술! 그녀에게 너스레를 떨며 살~짝 터치만 하면 마술 완성!

> 자!
> 666,666,666을
> 999,999,999로
> 바꿔 볼까요?

1 스마트폰인 아이폰의 계산기를 실행시켜 숫자 '666666666'을 입력한다.

2 상대방에게 계산기를 터치하지 않고 '999999999'로 바꾸려면 어떻게 해야 하냐고 묻는다. 상대는 대부분 "계산기를 거꾸로 돌리면 되잖아요!" 하고 대답할 것이다.

3 상대방이 말한 대로 계산기를 뒤집도록 한다. 그러면 상대방은 계산기의 숫자가 '999999999' 숫자로 보일 것이고 내 쪽에서는 '666666666' 숫자로 보일 것이다.

4 그런데 계산기를 다시 원래대로 뒤집으니 숫자가 정말 '999999999'로 바뀌었다! 도대체 6과 9 사이에 무슨 일이 벌어진 걸까?

숫자 6과 9의 상관관계의 비밀

준비물 아이폰

Trick 1 상대방이 모르게 미리 아이폰의 계산기를 실행시켜 '333333333+333333333'을 입력하고 '='을 누른다. 계산의 결과는 '666666666'!

Trick 2 이렇게 계산된 숫자 '666666666'을 상대방에게 보이며 이야기한다. "계산기를 터치하지 않고 '999999999'로 바꾸려면 어떻게 해야 할까요?" 휴대전화를 거꾸로 돌리면 된다는 답변을 유도한다.

Trick 3 휴대전화를 거꾸로 돌려 상대방에게 '999999999'로 보이는 것을 확인시킨 뒤 "휴대전화를 다시 돌리면 어떻게 될까요?" 하고 묻는다.

Trick 4 계산기를 거꾸로 돌리며 상대방이 눈치채지 못하도록 계산기의 '=' 버튼을 누른다.

계산기 종류마다 이용 방법이나 나타나는 방식이 다르니 아이폰의 계산기를 이용하세요!

Trick 5 계산기의 '='을 터치하면 '666666666'이 '999999999'로 바뀌게 된다.

🎩 꼭 체크해야 할 비법

계산기의 '=' 기능은 누구나 알지만 계산의 결과를 나타내 주는 키입니다. 하지만 연속하여 누르면 마지막 연산을 한 번 더 하게 하는 기능도 있습니다. 실제로 3+3=6을 계산한 후 '='을 한 번 더 누르면 9, 또 한 번 더 누르면 12가 되는 것이지요.

마술사 최현우에게 물어봐!

세상에 마술이 필요한
이유는 무엇일까요?

　　미국의 한 유명 경제 잡지에 따르면 경제가 불황에 빠진 후 판타지 관련 산업이 3배 이상 성장했다고 합니다. 전 세계가 불황에 빠진 최근 10년 동안 《해리포터》와 같은 판타지 소설 시장이 3배 이상 늘었고 미국 마술 관련 온라인 쇼핑몰의 매출이 5배 이상 늘었다고 합니다.

　　사람들은 힘들 때, 혹은 꿈을 꾸고 싶을 때 판타지 소설이나 마술 속 세상에서 대리 만족을 느끼지 않나 하는 생각이 듭니다. 이처럼 사람들에게 잠시나마 환상의 세계에 빠져 행복감을 맛보게 하는 마술, 세상에 꼭 필요한 즐거움이지 않을까요? 마술을 눈속임으로만 본다면 마술이 가지고 있는 환상의 세계를 맛볼 수가 없습니다. 마음을 열고 상상의 나래를 펼쳐 보세요. 상상할수록 마술의 세계는 깊어집니다.

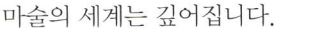

8

IN CAFE II

수줍은 고백

그녀에게
내 속마음을
밝혀라!

Episode #8

"지석아! 마술 동호회에 들어오라니까? 사람들이 너를 보는 눈이 달라질걸?"

마술을 배우고 인생이 바뀌었다는 민섭의 권유로

'Magic 人'에 가입한 지 한 달여.

그동안 제법 많은 기술을 익혔다.

Magic 人 모임에 갔던 날 사실 나는 적잖이 충격을 받았다.

민섭의 연인 윤서 씨가, 그리고 수많은 여자가

마술에 열광하는 모습에 조금 놀랐다. 아니 충격이었다.

요즘 매사에 흥미가 없는 나를 위해 삶의 활력소가 될까 하여 시작했지만

여자의 마음을 사로잡기 위해 가입한 이유도 적지 않다.

그동안 갈고 닦은 내 실력을 선보일 그날이 왔다.

어느 순간부터 사랑에 회의적이었던 나…….

사랑은 그저 외로움을 달래기 위해 하는 것이라 생각했다.

하지만 그녀를 보고는 왠지 진짜 사랑이 하고 싶어졌다.

회사 앞 카페 아르바이트생인 연지.

몇 달을 지켜봐 왔지만 한 번도 찡그리는 걸 본 적이 없다.

살짝 짓는 미소가 매력적인 그녀는 풋풋했다.

"오늘도 카푸치노 드시죠? 거품 가득 올려서?"

어느새 내 취향까지 알고 있다.

내 착각일 수도 있다.

그도 그럴 것이 매일 똑같은 시간에

같은 음료를 시켰으니 모를 수가 없다.

오늘은 그녀에게 나의 마음을 보여 주려 한다.

용기야 말로 만물의 언어를 찾으려는 자에게 중요한 덕목이다 .

- 《연금술사》(파울로 코엘료) 중

다섯 번째와 열 번째 카드의 비밀

♣ 카드 마술 ① ♣

♥ 연인들은 자신의 생각을 상대가 잘 이해해 주지 못할 때 가장 서운함을 느낀다고 한다. 하지만 만난 지 얼마 안 된 그녀, 그녀의 생각을 읽을 수는 없지만 마술로는 그녀가 본 것을 그대로 알아맞힐 수 있다. 이제 그녀의 마음속 카드를 찾아내 마음을 움직여 보도록 하자.

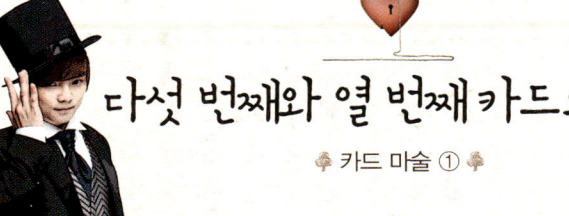

다섯 번째와 열 번째 카드를 기억하세요.

1 상대방에게 카드를 주며 잘 섞게 한다.

2 상대방에게 카드를 펼쳐 손에 들고 있게 한 다음 다섯 번째와 열 번째 카드를 확인하고 기억하게 한다. 물론 마술하는 사람은 카드를 볼 수 없게 한다.

3 카드를 다시 받아 테이블에 세로로 다섯 장씩 순서대로 내려놓는다. 이때 다섯 번째 카드와 열 번째 카드는 쉽게 구별할 수 있도록 조금 떨어뜨려 놓는다.

4 가지고 있던 카드와 내려놓은 카드를 네 장씩 한 꺼번에 집어든다. 그리고 마지막으로 다섯 번째 카드와 열 번째 카드를 카드 뭉치 사이에 끼운다. "당신이 확인한 이 카드가 이 사이로 들어갑니다!" 하면서 확인시켜 준다.

5

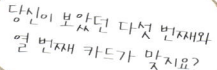

당신이 보았던 다섯 번째와 열 번째 카드가 맞지요?

6

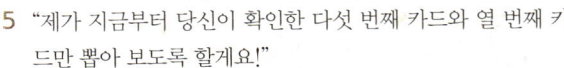

7

5 "제가 지금부터 당신이 확인한 다섯 번째 카드와 열 번째 카
   드만 뽑아 보도록 할게요!"

6 그리고 오른손의 카드 뭉치를 단번에 왼손으로 던진다. 오른
   손엔 두 장의 카드가 남아 있다.

7 오른손에 남은 두 장의 카드를 보여 준다. 놀랍게도 상대방
   이 보았던 카드들과 일치한다.

준비물 카드 한 세트

Trick 1 카드 한 장을 무릎 위로 래핑해 숨긴다. 잠시 후에 자연스럽게 잡을 수 있도록 카드 뒷면이 위로 향하게 한다.

다섯 번째, 열 번째 카드 (이해를 돕기 위해 앞면이 보이게 놓았다.)

Trick 2 상대방에게 카드를 잘 섞으라고 한 뒤 직접 손에 쥐고 위에서 다섯 번째와 열 번째 카드를 기억하라고 한다. 다섯 번째는 다이아몬드 9, 열 번째는 하트 킹이라고 치자.

카드 팜은 동전과 달라서 조금만 흐트러져도 트릭이 보이기 쉽습니다. 능숙한 카드 팜 기술이 포인트!

상대방에게 보이는 손등의 모습

Trick 3 카드 뭉치를 왼손으로 받아 든다. 오른손으로는 래핑해 놓은 카드를 카드 팜으로 숨긴다. 카드 팜은 카드를 손바닥 전체와 새끼손가락 끝에 걸쳐 손바닥에 밀착시키는 기술 이다.

Trick 4 "기억하신 카드를 잊어 버리면 안 됩니다!" 하며 오른손에 카드 팜으로 숨겨 놓은 카드를 자연스럽게 왼손의 카드 윗부분을 치는 척하며 합친다.

기억한 다섯 번째 카드(이해를 돕기 위해 앞면이 보이게 놓았다.)

핑거 팜으로 숨겨 두었던 카드(이해를 돕기 위해 앞면이 보이게 놓았다.)

Trick 5 숫자를 세어 가며 카드를 그림과 같이 놓는다. 숨겨 놓은 카드 한 장을 더했기 때문에 여섯 번째 위치에 실제 기억한 다섯 번째 카드가 있다.

열 번째로 기억한 카드 (이해를 돕기 위해 앞면이 보이게 놓았다.)

다섯 번째로 기억한 카드

Trick 6 사진과 같이 카드를 놓으면 가지고 있는 카드 뭉치의 맨 위에 있는 카드는 상대방이 기억한 열 번째 카드 다이아몬드 9이다.

Trick 7 왼손으로 양쪽의 맨 아래에 놓인 두 장의 카드만을 남기고 나머지 카드는 한 번에 모은다. 이때 먼저 왼쪽줄을 모은 후(❶) 오른쪽 줄 위에 올리고 한데 모은다(❷). 이렇게 하면 여섯 번째에 깔린 하트 킹은 맨 밑에 놓인다.

Trick 8 왼손의 카드 뭉치를 오른손에 모은 카드 뭉치 아래 놓는다. 이렇게 세팅된 카드 맨 위에는 다이아몬드 9 카드가, 맨 아래에는 하트 킹 카드가 놓이게 된다. 카드를 놓을 때 최대한 자연스럽게 연출하도록 한다.

맨 위와 아래의 카드를 제외한 카드 뭉치를 왼손으로 빠르게 보낸다.

Trick 9 카드를 부채 모양으로 만들고 테이블 위에 놓인 나머지 두 카드를 중간에 끼운다. "이 두 장의 카드가 당신만 기억하고 있는 카드이죠?"

Trick 10 그렇다고 대답하는 상대방에게 한마디를 더 남긴다. "당신의 그 기억을 제가 한 번 찾아보겠습니다." 하고 말하며 카드의 맨 위와 아랫부분을 힘주어 잡는다. 그리고 힘껏 맨 윗장과 맨 아랫장만 남긴 나머지를 왼손으로 던져 보낸다.

Trick 11 오른손에 남은 두 장의 카드를 상대방에게 보여준다. "이 카드가 당신이 기억하고 있는 카드 맞나요?" 기억 속 다섯 번째, 열 번째 카드와 일치하는 두 장의 카드! 상대는 깜짝 놀랄 것이다.

 **꼭 체크해야 할 비법**
상대방이 다섯 번째와 열 번째 카드를 잘 기억하도록 기억하고 있는지 계속 확인하세요! 상대방이 기억을 잘 못하면 마술을 망칩니다.

당신의 마음을 읽는 카드

♣ 카드 마술 ② ♣

♥ 마술이 많은 사람에게 사랑받아 온 이유는 결과가 대단하든 대단하지 않든 현실에서 불가능한 것을 보여 주기 때문이다. 더구나 마음을 읽는 마술은 사람들에게 대단히 신비롭게 다가간다. 오늘은 카드로 그녀의 마음을 살짝 훔쳐 보자.

카드를 잘 섞어 주세요.

1

당신이 섞은 카드 중에 아무거나 한 장을 뽑아 예언해 보도록 할게요.

2

자~ 이 한 장의 카드로 예언을 해 볼까요?

3

4

1 상대방에게 카드를 잘 섞어 달라고 부탁한다.

2 "카드 예언을 해 볼게요." 하고 얘기한다.

3 그리고 상대방을 보며 신중하게 생각한 뒤 한 장의 카드를 뽑아 뒤집어 놓는다.

4 카드 뭉치를 내려놓으며 상대에게 카드의 반을 떼어 달라고 부탁한다.

5 상대방이 떼어 낸 카드 뭉치를 양쪽으로 번갈아 한 장씩 내려
  놓는다.

6 "마지막에 내려놓는 두 장의 카드가 당신과 인연이 깊은 카드
  예요." 하고 말한다.

7 상대방이 내려놓은 카드 중 마지막 카드 한 장씩을 뒤집어 보
  며 모양과 숫자를 확인한다. 하트 6과 클럽 A! "하나의 카드는
  무늬, 하나의 카드는 숫자가 당신과 인연이 깊은 것 같네요."
  "따라서 무늬는 클럽, 숫자는 6!"

8 처음에 테이블에 놓은 한 장의 카드를 뒤집으니 놀랍게도 클
  럽 6이다. 상대는 너무 놀라 비밀을 알려 달라고 조를 것이다.
  절대 알려 주지 말 것!

당신의 마음을 읽는 카드의 비밀

준비물 카드 한 세트

Trick 1 상대방에게 카드를 잘 섞게 한 후 건네받는다. 카드의 앞면이 보이는 상태에서 첫 번째와 두 번째 카드를 확인한다. 하트 6과 클럽 A라고 하자.

Trick 2 카드 예언을 한다고 말하며 첫 번째와 두 번째 카드의 모양과 숫자를 조합해 만들어질 수 있는 카드를 찾는다. 위와 같은 경우 클럽 6이나 하트 A를 찾으면 된다.

Trick 3 조합한 카드를 '예언 카드'라고 하며 내려놓은 후 상대방에게 카드 뭉치의 반을 떼어 가라고 한다. 상대방이 떼어 간 카드를 달라고 하고 나머지 카드를 잡게 한다. 상대방이 아랫부분의 카드를 잡아야 앞에서 확인한 두 장의 카드가 맨 위로 오게 된다.

한 장씩 양쪽에 번갈아 놓으면 결국 맨 끝에 놓인 클럽 A와 하트 6은 양쪽 카드의 제일 앞에 놓이게 된다. (이해를 돕기 위해 앞면이 보이게 놓았다.)

Trick 4 상대방이 잡은 카드를 그림과 같이 한 장씩 양쪽으로 번갈아 내려놓게 한다. 이때 양쪽에 한 장씩 정확히 나눌 수 있도록 한다.

Trick 5 이제 상대방이 나누어 놓은 양쪽의 카드 중 첫 번째 카드 한 장씩을 뒤집어 확인하자. 그리고 한쪽에 뒤집어 놓은 예언 카드를 뒤집으면 놀랍게도 두 장의 카드 결과를 조합한 클럽 6!

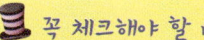
🎩 꼭 체크해야 할 비법
상대방이 한 장씩 양쪽으로 카드를 놓을 때 정확히 번갈아 놓을 수 있도록 대화로 잘 유도하세요.

난이도
★★☆☆

우리의 인연은 몇 점?

♣ 카드 마술 ③ ♣

♥ 여러 가지 신기한 카드 마술로 이제 그녀의 마음이 움직였을까? 그럼 이제 당신의 마음을 고백할 차례이다. 그렇다고 노골적으로 고백한다면 상대가 저 멀리 도망갈지도 모를 일이니 살짝 킹과 퀸 카드의 힘을 빌려 보도록 하자.

느낌이 찌릿하고 왔을 때 "그만"이라고 말해 주세요

1 하트 킹과 다이아몬트 킹 카드를 보여 주며 "킹 카드로 우리의 인연이 얼마나 깊은지를 알아볼까요?"

2 킹 카드 두 장은 내려놓고 상대방이 "그만"이라고 외칠 때까지 카드를 한 장씩 내려놓는다.

3 상대가 "그만"이라고 외쳤을 때 멈추고 옆에 놓았던 킹 카드를 앞면이 보이도록 올려 두고 다시 그 위에 남은 카드를 모두 얹는다.

4 모든 카드를 한꺼번에 잡고 위에서부터 다시 카드를 한 장씩 내려놓는다. "이번에도 이때다 싶은 순간에 '그만'이라고 말해 주세요." 하고 말한다.

우리의 커플
매칭 점수는 100점
입니다!

5 상대방이 "그만"을 외치면 멈추고 옆에 놓았던 킹 카드를 앞면
　이 보이도록 올려 두고 다시 남은 카드를 얹는다.

6 합친 카드를 테이블 매트 위에 스프레드로 펼친 후 킹과 킹의
　오른쪽 카드 한 장씩을 같이 뺀다.

7 "우리 커플의 매칭 포인트는 몇 점일까요? 카드에 답이 있습니
　다." 각각의 카드를 뒤집어 보면 각각 퀸과 킹 커플임을 확인
　할 수 있다.

인연을 알려 주는 카드의 비밀

준비물 카드 한 세트

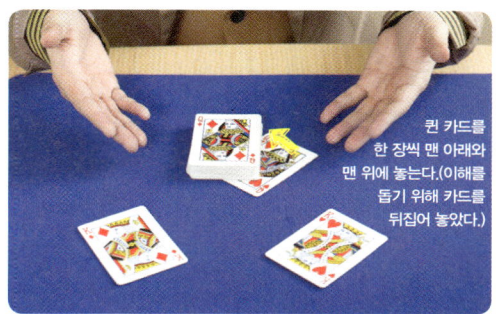

퀸 카드를 한 장씩 맨 아래와 맨 위에 놓는다.(이해를 돕기 위해 카드를 뒤집어 놓았다.)

Trick 1 킹 카드 두 장을 테이블 위에 내려놓는다. 이때 두 장의 퀸 카드를 카드 뭉치의 제일 아래와 위에 미리 배치해 둔다.

맨 마지막에 있던 퀸(이해를 돕기 위해 카드를 뒤집어 놓았다.)

맨 위에 있던 퀸(이해를 돕기 위해 카드를 뒤집어 놓았다.)

Trick 2 카드를 한 장씩 내려놓다가 상대가 "그만"이라고 외치면 멈추고 처음에 따로 빼 놓았던 킹 카드 한 장을 앞면이 보이게 얹고 나머지 카드를 얹는다. 이때 나머지 카드 뭉치 맨 아래에는 퀸이 있으므로 킹 위에 퀸을 얹은 것이다.

Trick 3 카드를 그대로 다시 모아 잡는다. 이때 당연히 퀸이 맨 끝에 위치한다. 한 장씩 위에서부터 바닥에 내려놓는다.

Trick 4 "그만"이라고 외치면 멈추고 옆에 따로 빼 놓은 킹 카드를 얹고 나머지 카드를 모두 얹는다. 이때에도 나머지 카드 뭉치 맨 아래에 있는 퀸 카드는 킹 카드 위에 놓이게 된다.

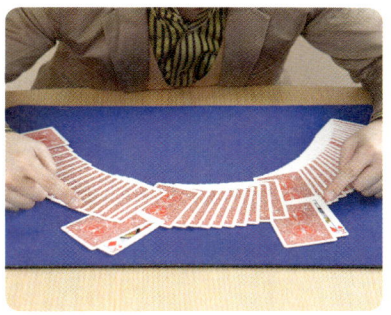

Trick 5 "우리의 커플 점수는 몇 점일까요?" 하고 말한다. 그대로 다시 모은 카드를 테이블 위에 일렬로 펼쳐 놓는다. 킹 카드와 킹 카드 오른쪽 카드 한 장씩을 뽑는다.

A, 7 등 의미 있는 숫자를 응용해 상황에 맞게 연출할 수 있어요!

Trick 6 킹 카드 오른쪽 카드를 각각 뒤집으면 당연히 퀸이 나와 결국 킹과 퀸이 만나게 된다. "와우! 우리의 커플 매칭 점수는 100점이군요!"

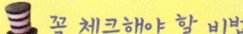
🎩 꼭 체크해야 할 비법
카드를 뽑아 뒤집을 때 킹의 오른쪽인지 왼쪽인지 헷갈리지 않도록 주의! 반대편 카드를 뒤집으면 돌이킬 수 없는 결과를 가져올 수 있답니다.

같은 색끼리 똘똘 뭉쳐라!

♣ 카드 마술 ④ ♣

♥ 마술에 입문하는 사람들이 가장 많이 사용하는 마술도구 중 하나가 카드이다. 물론 카드 마술 중에는 초보자가 하기 힘든 마술들도 있지만 상대방의 심리는 물론 마술사가 전하고자 하는 메시지까지 표현할 수 있는 쉽고도 유용한 마술도 많다. 그 중에 상대방 모르게 같은 색끼리 카드를 모으는 'Out of this world'라는 매력적인 마술을 소개한다.

지금부터 제가 든 카드가 무슨 색인지 말해 주세요.

1 먼저 네 장의 A를 꺼내 바닥에 검은색 한 장과 빨간색 한 장을 앞면이 보이게 해서 양쪽에 내려놓는다. 나머지 두 장은 한쪽 옆에 둔다.

2 나머지 카드를 상대방에게 잘 섞어 달라고 부탁한다. 카드를 받아든 뒤 들고 있는 카드가 무슨 색인지 추측해서 말해 달라고 한다.

3 검정색이라고 말하면 검정색 A카드 위에, 빨간색이라고 말하면 빨간색 A카드 위에 뒤집은 채 일렬로 놓는다.

4 절반 정도 카드를 추측한 색깔로 분류한 후 나머지 두 장의 A
  카드를 맨 위에 한 장씩 놓는데 처음에 놓은 A카드가 빨간색
  이면 검정색 카드를, 검정색이면 빨간색 카드를 각각 놓는다.

5 남겨 뒀던 카드를 상대방에게 반으로 나누게 한 뒤 검정색과
  빨간색 카드 위에 각각 놓게 한다.

6 "카드를 이렇게 놓은 것은 제 선택이 아닙니다. 당신의 선택
  맞죠?" "네!" "이 카드들 중 제 마음대로 놓은 카드는 절대 없
  습니다. 맞죠?" "네!" 그런데 카드를 뒤집자 서로 약속이라도
  한 듯 같은 색끼리 똘똘 뭉쳐 있다. 어떻게 된 일일까?

Trick 1 네 장의 A를 뺀 나머지 카드를 상대방에게 섞어 달라고 부탁한다. 네 장의 A 중 빨간색, 검은색 A를 한 장씩 양쪽에 놓는다.

Trick 2 섞은 카드의 앞면이 상대방에게 보이지 않게 잡은 뒤 빨간색 카드 한 장을 뽑으며 카드의 색깔을 추측해 말해 달라고 한다. "지금 뽑은 카드가 무슨 색일 것 같나요?"

카드가 빨간색이어도 상대가 검은색이라고 말하면 검은색 A카드 위에 놓는다. 이해를 돕기 위해 빨간색 카드를 앞면이 보이게 놓았다.

Trick 3 카드가 빨간색이어도 상대방이 검은색이라고 말하면 검은색 A 위에 놓는다. 이런 식으로 계속 빨간색 카드를 하나씩 뽑아 상대에게 묻고 대답에 따라 해당 색의 A 위에 놓는다. 안타까운 표정, 난감한 표정 등을 연출한다.

이해를 돕기 위해 카드를 뒤집어 놓았다. (실전에서는 A카드만 앞면이 보이게 놓는다.)

Trick 4 손 안에 검정색 카드만 남을 때까지 같은 방식으로 빨간색 카드를 모두 내려놓는다. "여기서 제가 마음대로 놓은 카드는 단 한 장도 없습니다." 하고 말하며 이 모든 결과는 상대방이 결정한 것이라고 믿게 만든다.

Trick 5 그리고 남은 A카드 두 장을 처음에 놓았던 A카드의 색과 반대가 되도록 놓는다.

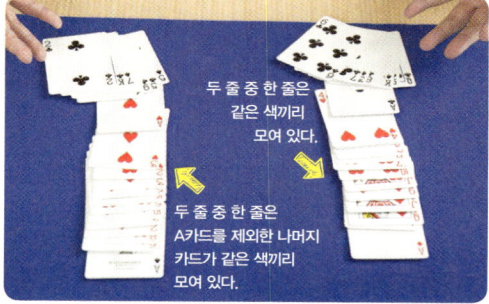

두 줄 중 한 줄은 같은 색끼리 모여 있다.

두 줄 중 한 줄은 A카드를 제외한 나머지 카드가 같은 색끼리 모여 있다.

Trick 6 이제 남은 검정색 카드를 상대방에게 반으로 나눠 달라고 한 뒤 각각 새로 놓인 A카드 위에 올린다. 이렇게 하면 표시된 색처럼 두 줄 중 한 줄은 반드시 같은 색끼리 모여 있다.

Trick 7 같은 색끼리 모여 있는 줄부터 상대방에게 결과를 공개한다. 빨간색과 검은색 카드가 모여 있는 것을 보고 상대방은 분명 깜짝 놀랄 것이다.

Trick 8 이제 반대편에 있는 카드를 모아 잡는다.

사람이 많을 때에도 가능한 마술입니다. 여러 사람의 의견을 물으며 진행했을 때 더욱 효과적입니다.

Trick 9 카드 스프레드를 이용해 펼친다. 이때 상대방은 같은 색끼리 모인 카드에 정신이 집중되어 있기 때문에 뒤집힌 A카드들은 안중에도 없다. 이럴 때 슬쩍 A카드 두 장을 뽑아 들고 재빠르게 위치를 바꾸어 놓는다. 이제 모든 카드가 같은 색끼리 모여 있다. "분명 당신이 섞고 나눈 카드들입니다. 어떻게 이런 일이 벌어질 수가 있을까요?"

 꼭 체크해야 할 비법
마지막 A 카드 두 장을 바꿀 때는 마치 원래 자리에 놓는 것처럼 자연스럽게 내려놓는 것이 중요합니다. 뻔뻔한 연기야말로 마술을 성공으로 이끄는 중요한 요소겠죠?

이 카드는 바로 당신의 카드

♣ 카드 마술 ⑤ ♣

♥ 원하는 곳에서 직접 카드를 고른 그녀는 '과연 이 사람이 내가 고른 카드를 맞출 수 있을까?' 하며 반신반의할 것이다. 이때 독심술을 부린 듯 그녀가 고른 카드를 정확하게 찾아 "제게 속마음을 들켜 버렸군요!" 하고 말해 보자.

> 당신이 고른 카드의 종류와 모양을 꼭 기억해 두세요.

> 제가 보지 못하게 뒤집어서 카드 사이에 넣어 주세요.

> 지금부터 당신의 눈빛만 보고서 방금 고른 카드를 맞춰 볼게요.

1 카드 스프레드를 이용해 카드를 바닥에 펼친다. 상대방에게 하나를 고르도록 한 후 카드의 종류와 모양을 기억해 달라고 말한다.

2 뽑은 한 장의 카드를 카드 사이에 섞는다. "저는 당신의 카드를 보지 못했습니다."

3 상대의 눈빛을 뚫어져라 바라보며 카드를 한 장씩 내려놓으며 말한다. "지금부터 당신의 눈빛만 보고서 당신이 고른 카드를 맞춰 볼게요. 내 눈을 잘 보세요. 절대 눈을 돌리지 마세요. 당신의 눈빛이 흔들리는 것을 보고 카드를 찾을 테니까요."

앗, 느낌이 점점 강해집니다. 설마……

왠지 이 카드일 것 같은데요?

당신이 고른 카드가 맞나요?

4 카드를 일정하게 내려놓다가 느낌이 온다고 생각하는 순간 멈춘다.

5 "자! 이제 당신이 뽑은 카드를 알 것 같습니다." 하고 말한 뒤 한 장의 카드를 상대방 앞에 내민다.

6 카드를 뒤집자 그 카드는 정말 그녀가 고른 카드! 정말 눈빛이 흔들리는 것을 보고 알아낸 걸까?

Trick 1 카드 한 세트를 준비한 후 잘 섞는다. 상대방의 의심을 풀기 위해 직접 섞어 보라고 하는 것도 좋은 방법! 상대가 섞은 카드를 받으면서 가장 아래에 있는 카드(하트 3)를 살짝 훔쳐 보고는 기억해 둔다.

Trick 2 상대방에게 스프레드된 카드 중 카드 한 장을 뽑게 한 후 잘 기억해 두라고 말한다.

Trick 3 뽑은 카드를 제외하고 카드들을 그대로 모은다. 당연히 하트 3 카드가 맨 밑에 있다.

하트 3 밑에 상대방이 뽑은 스페이드 J가 위치하게 된다.(이해를 돕기 위해 스페이드 J의 앞면이 보이게 뒤집어 놓았다.)

Trick 4 카드 뭉치를 반으로 나눈다. 상대방에게 카드를 뒤집어 안 보이게 한 다음 위에 있던 카드 뭉치 위에 올려놓게 한다. 그리고 밑에 있던 카드 뭉치를 위에 덮으면 키 카드 하트 3을 상대방의 카드 위에 올려놓게 되는 셈이다.

그녀의 카드를 보고 그냥 지나치며 마치 실수한 연출하세요! 다시 되돌아가 카드를 맞추면 훨씬 실감 나겠죠?

Trick 5 테이블 위에 카드를 한 장씩 뒤집어 내려놓으며 "당신의 눈빛을 보며 당신이 뽑은 카드를 맞춰 볼게요." 하고 말한다. 당연히 하트 3 다음 카드가 상대가 뽑은 카드이다. 기억했던 키 카드 하트 3이 나올 때까지 카드를 한 장씩 내려놓는다.

Trick 6 상대방이 뽑은 카드를 내려놓은 뒤 몇 장 정도 더 내려놓으며 상대방의 눈을 뚫어지게 쳐다본다. 그리고 "앗! 당신의 눈빛이 흔들리고 있군요. 이제 뒤집는 카드가 바로 당신이 뽑은 카드일 것입니다." 상대방은 분명 자신의 카드는 이미 뒤집어져 있으므로 다른 카드를 내려놓을 것이라고 생각한다.

Trick 7 "자! 이제 당신이 뽑은 카드를 알 것 같습니다." 하고 말한 뒤 하트 3 다음에 놓인 상대방의 카드를 뽑아 뒤집어 놓는다. '당신은 제게 속마음을 들켜 버렸습니다!' 반전까지 가미된 신기한 카드 마술!

🎩 **꼭 체크해야 할 비법**
키 카드를 볼 때 너무 뒤집어서 보거나 고개를 숙여 보지 않도록 주의하세요!

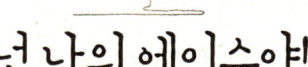

넌 나의 에이스야!

♣ 카드 마술 ⑥ ♣

❤ 카드 마술이 거듭될수록 당신에 대한 그녀의 호감도는 점점 상승 곡선을 그릴 것이다. 혹은 반대로 당신이 마술에 놀라고 호응하는 그녀의 모습에 푹~ 빠질지도 모를 일이다. 절대 놓치고 싶지 않은 그녀를 위한 카드 마술로 이제 화끈하게 고백해 보자!

1 카드를 준비한다. 상대방에게 평범한 카드임을 확인시킨다.

2 "당신과 저의 인연은 아주 특별합니다. 제가 이 카드로 확인시켜 드릴게요."

3 "이 테이블 냅킨을 카드 위에 덮어 주세요!"

보셨어요? 당신은 저에게 있어 에이스 같은 존재랍니다!

4 냅킨 위로 카드를 원하는 만큼 집어 달라고 한다. "자! 분명히 당신의 의지대로 집은 것입니다! 맞죠?"

5 "이 마술은 당신과 저와의 특별한 인연을 나타내는 마술입니다." 하고 말하며 가지고 있는 카드를 위에서부터 한 장씩 바닥에 내려놓는다.

6 바닥에 깔린 카드를 한 장씩 뒤집는다. 놀랍게도 모두 A이다.

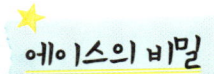

준비물 카드 한 세트, 테이블 냅킨 한 장

Trick 1 마술을 시작하기 전에 미리 다음과 같이 세팅해 놓는다. 먼저 네 장의 A를 골라 놓는다.

Trick 2 카드의 맨 위, 한 장을 뒤집어 놓는다. 그리고 그 위에 네 장의 A를 뒤집어 놓는다.

Trick 3 카드를 뒤집으면 다섯 장의 카드는 뒷면이 보이는 형태가 된다.

Trick 4 세팅이 끝난 뒤 마술을 시작한다. 오른손으로 위에서 카드를 일부 떼어 펼치고 이상이 없음을 확인시킨다. 왼손의 카드 가장 밑에는 다섯 장의 카드가 뒤집어져 있다.

Trick 5 상대방에게 테이블 냅킨을 덮고 원하는 만큼 카드를 집어 달라고 말한다.

Trick 6 테이블 냅킨과 함께 카드를 집어 갈 때 A 네 장을 포함한 다섯 장의 카드가 위로 오도록 집어 가고 남은 카드를 한꺼번에 뒤집는다.

퀸, 세븐, 상대방이 좋아하는 숫자 등 특정한 카드로 연출하셔도 돼요!

Trick 7 뒤집힌 왼손의 카드를 위에서부터 한 장씩 내려 놓는다. A 카드 네 장이 차례로 나타난다. "보셨습니까? 당신은 저에게 있어 에이스 같은 존재입니다!" A카드를 놓을 때 왼손의 카드들이 맨 앞 한 장을 제외하고는 모두 앞면이 위로 되어 있는 것을 들키지 않도록 조심한다.

🎩 꼭 체크해야 할 비법

테이블 냅킨 안에서 카드를 180° 뒤집을 때 너무 큰 동작으로 하면 상대방 손과 부딪힐 수 있으니 주의하세요.

카드와 명함 사이

♠ 카드 마술 ⑦ ♠

♥ 연락처와 이름 등을 전달하기 위해 쓰는 명함. 하지만 마술에 있어서 명함은 카드와 함께 상대방에게 '놀라움'을 주는 도구로 변할 수 있다. 그렇다면 카드와 명함 사이에는 어떤 상관관계가 있을까!

명함을 카드 사이에 끼워 주세요.

1 카드를 한 장 뽑은 후 뒤집어 상대방 앞에 내려놓는다.

2 상대방에게 "카드가 움직이지 않도록 왼손으로 누르고 있으세요." 하고 말한다.

3 상대방에게 명함 하나를 건네주며 손에 펼쳐진 카드들 사이 어느 곳에든 끼워 달라고 말한다. 물론 왼손으로는 카드를 계속 누르고 있어야 한다.

4 명함을 끼워 넣은 후 상대방에게 카드의 앞면을 보여 주며 명
   함 바로 다음에 있는 카드를 기억하라고 얘기한다.

5 그리고 카드를 한 장씩 내려놓으며 "52장의 카드 중 당신이 뽑
   은 카드가 이 안에 있는지 잘 보세요." 하고 말한다. 다 내려놓
   은 후 "이 안에 카드가 있나요?" 하고 물어보면 "없어요" 하고
   대답할 것이다.

6 과연 명함 다음에 있던 카드는 어디 갔을까? "당신의 왼손에
   있는 카드를 뒤집어 보세요." 상대방이 그 카드를 뒤집는 순간
   그 카드가 바로 명함 다음에 있던 카드임을 알게 될 것이다.

Trick 1 마술에 앞서 다음과 같이 카드를 명함에 잘라 붙인다. 먼저 명함 한 장, 가위, 풀, 카드 한 장을 준비한다.

Trick 2 명함 뒷면에 카드를 대고 앞면에서 보이지 않도록 잘 잡아서 잘라 붙인다.

Trick 3 "당신의 마음을 읽어 카드 예언을 해 볼게요." 하며 오려서 붙여 둔 카드와 같은 것을 골라 상대방의 앞에 놓으며 왼손으로 잘 누르고 있도록 한다.

Trick 4 카드를 펼친 다음 아무 곳에나 명함을 꽂아 달라고 말한다.

Trick 5 상대방에게 카드를 펼쳐 보이며 "명함 바로 다음에 있는 카드를 기억하세요." 하고 말한다. 이때 명함 뒤에 카드를 붙여 둔 것을 들키지 않도록 위치를 조절한다.

Trick 6 카드 확인이 끝나면 카드들 틈에서 명함을 뽑는다. 카드 뒷면이 보이지 않도록 주의하며 주머니에 넣는다.

Trick 7 명함을 뺀 후 카드를 한 장씩 내려놓으며 상대방에게 본인이 기억한 카드가 있는지 물어본다. 상대방은 끝까지 명함 뒤에 있던 카드가 나타나지 않자 당황한다. "좀 전까지 있던 카드가 갑자기 어디 갔을까요?"

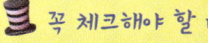

가끔 상대방이 명함을 뒤집어 보는 돌발 상황이 벌어질 수 있으니 계속해서 대화로 상대방을 잘 유도합시다.

Trick 8 상대방이 누르고 있는 왼손을 가리키며 뒤집어 보게 한다. 카드를 뒤집으니 바로 명함 뒤에 있던 카드!

🎩 **꼭 체크해야 할 비법**
가끔 명함이 거꾸로 꽂히거나 비뚤어지게 꽂혀서 트릭이 노출될 수 있습니다. 명함이 적절한 위치에 꽂히도록 꼭 확인하세요.

떠오른다 떠오른다 카드가 떠오른다

♣ 카드 마술 ⑧ ♣

익숙하지 않은 사람과 낯선 장소에서의 대화는 어디까지나 한계가 있는 법이다. 이러한 면에서 마술은 분위기를 띄워 주는 훌륭한 기술이다. 이번 카드 마술은 준비만 잘 한다면 그녀의 긴장감을 풀어 줄 수 있는 유용한 마술이다.

카드를 한 장 뽑아 주세요.

1

2

이제 이 통을 보며 당신이 뽑은 카드를 떠올려 보세요. 그러면 그 카드만 떠오르게 될 겁니다.

4

3

5

1 바닥에 스프레드된 카드 중 하나를 상대방에게 뽑게 한다.

2 "당신이 지금 뽑은 카드를 잘 기억해 두세요." 하고 말한다.

3 카드를 다시 받아 잘 섞은 후 카드 통에 넣어 둔다. "이 안에 당신이 뽑은 카드가 함께 있습니다."

4 뽑은 카드가 떠오를 것이라고 말한다.

5 카드 통을 천천히 흔들면 한 장의 카드가 떠오른다. 카드를 뽑은 후 상대방에게 보여 주며 "자, 이 카드가 맞나요?" 하며 확인시킨다. 떠오른 카드는 상대가 뽑은 그 카드! 어떻게 스스로 카드 통에서 올라온 것일까?

떠오르는 카드의 비밀

준비물 카드 한 세트, 카드 상자

Trick 1 먼저 상대방에게 카드 한 장을 뽑게 한다. 상대방에게 뽑은 카드를 카드 뭉치 사이에 끼워 넣는다.(이해를 돕기 위해 카드의 앞면이 보이게 놓았다.)

Trick 2 이때 상대방에게 보이지 않는 쪽의 옆면에 상대방이 뽑은 카드 위로 새끼손가락을 상대방이 눈치 채지 못하도록 아주 약간만 끼운다(브레이크 기술).

❶

❷

Trick 3 걸어 놓은 새끼손가락 밑에 있는 카드를 둘로 나누어 카드가 세 뭉치가 된다. 맨 밑에 있는 뭉치를 맨 위로 올리고, 다시 맨 밑의 카드를 맨 위로 올린다.

Trick 4 이렇게 섞으면 상대방이 뽑은 카드가 제일 위로 올라오게 된다.

Trick 5 섞은 카드를 그대로 카드 통에 잘 집어넣는다. 이 때 카드 통은 뒷면을 미리 사진과 같이 뚫어 놓는다. 카드가 잘 나올 수 있도록 카드 통의 뚜껑을 살짝만 닫아 놓는다. 뚜껑 옆의 덮개를 미리 잘라 내는 것도 좋다.

상대방이 카드 상자를 뒤집어 보면 난감하겠죠? 그러지 않도록 한쪽에 잘 놓아 주세요.

Trick 6 카드 통을 천천히 흔들며 검지를 이용해 마지막 카드 한 장을 올린다. 상대방이 자신이 본 카드를 확인할 수 있을 때까지 충분히 올린다. "자, 이 카드가 맞죠?"

🎩 꼭 체크해야 할 비법
브레이크 기술을 할 때 카드 사이가 많이 벌어지면 상대방이 알아차리기 쉬우니 앞은 틈이 안 보이게 하고 뒷부분만 새끼손가락을 살짝 끼우세요.

지금까지의 많은 마술 콘서트 중에 가장 기억에 남는 콘서트가 있다면?

모든 공연이 특별하고 소중하지만 2005년도 매직콘서트 서울 공연이 가장 기억에 남습니다. 연인 이벤트를 진행하고 있었어요. 연인 이벤트는 남자 분들이 애인이 모르게 마술의 힘을 빌어 청혼하는 프러포즈 이벤트입니다. 그날도 마술 콘서트 중에 연인 이벤트를 진행하고 있었습니다. 보통 남자가 무릎을 꿇고 결혼을 해 달라고 고백하면 여자는 감동을 받아 울기도 합니다. 그런데 그날은 여자분이 너무하다 싶을 정도로 많이 우시더라고요. 그리고 "저는 이 남자와 결혼할 수 없습니다." 하고 말했습니다. 그때 남자분이 입을 열었습니다. "지금 이 친구에게 세 번째 하는 프러포즈입니다. 4년 동안이나 사랑해 왔는데 저를 거절했습니다. 이유는 이 친구가 말기 암으로 3개월 시한부 판정을 받았기 때문입니다." 하고 울먹거리며 말을 이었습니다. "제가 이 친구와 인연이 3년이 될지, 3일이 될지, 운이 좋아 더 긴 시간이 될지 모르지만 남자 친구가 아닌 남편으로 살고 싶습니다. 이것이야말로 제 인생에서 마술 같은 일이 아닐까 합니다. 여러분 도와주십시오!" 하고 이야기해 많은 사람에게 감동을 주었습니다. 그 뒤로 마술이라는 것이 누군가에게는 인생을 바꿔 주는 하나의 매개체가 될 수도 있다는 것을 알게 되었고 그래서 더욱 열심히 해야겠다는 생각을 갖게 되었습니다.

9

한가로운 주말 데이트

그녀의 생각을 훔쳐라!

Episode #9

연지에게 내 마음을 보인 지 열흘째!

"여행은 어디 어디 가 보셨어요? 전 유럽 여행 가는 게 올해 목표예요."

"어떤 음악을 좋아하세요? 전 팝을 좋아해요. 노래는 잘 부르세요?"

"가장 최근에 본 영화는 어떤 거예요?"

스물네 살 연지는 예상대로 풋풋한 감성을 지녔고,

쉴 새 없이 얘기해도 지치지 않을 만큼 에너지가 넘쳤고,

사랑할 준비가 된 열정 가득한 친구였다.

그런 그녀 덕분에 서로 많이 친해졌고,

여자와 함께 마음을 나누고 즐기는 법을 터득했다.

그동안 회사 앞에서 틈틈이 해 온 데이트가 전부였는데

드디어 하루 종일 같이 있을 수 있는 주말이 다가왔다.

여느 연인들처럼 영화관에서 팝콘도 같이 먹고

어둠 속에서 손도 잡아 보고 싶었다.

무엇보다 그녀와 좀 더 친해지고 싶었다.

영화가 시작되기 전, 끊임없이 광고는 계속되고

잠시 어색한 시간이 흘렀다.

기다리는 동안 그녀의 생각을 한 번 읽어 볼까?

사랑이란 서로 마주 보는 것이 아니라 함께 같은 방향을 바라보는 것이다.

─ 생텍쥐페리

난이도
★☆☆☆

그녀의 머릿속 회색 코끼리

♣ 숫자마술 ① ♣

♥ 카드 마술로 당신의 마음을 어느 정도 표현했다면 이제 그녀의 생각을 읽을 차례이다. 간단한 필기도구만 있으면 그녀의 생각을 훔쳐볼 수 있다. 마치 상대방의 마음속을 꿰뚫어 보듯이 상대를 응시하며 허를 찌르는 마술을 선보이자.

당신이 무슨 생각을 하는지 한번 맞춰 볼까요?

1 "지금부터 마음속으로 2부터 9 중에서 숫자 하나만 생각하세요."

2 "생각했던 숫자에 곱하기 9를 하세요."

3 "두 자리 숫자가 나오면 십의 자리와 일의 자리 숫자를 더해 한 자리로 만드세요. 예를 들어 23이 나오면 2 더하기 3을 해 5가 되는 겁니다."

4 "그 숫자에서 4를 빼세요."

5 "1은 A, 2는 B, 3은 C, 4는 D, 5는 E, 이렇게 그 숫자에 해당되는 순서의 알파벳을 생각하세요. 그리고 그 알파벳으로 시작하는 네 발 달린 동물을 생각하세요. "예를 들어 D라면 Dog! 이런 식으로 말이죠."

6 상대방이 그 동물을 생각했다면 이제 그 동물을 알아맞힐 차례! "당신이 생각한 동물은 E! Elephant 맞죠?" 생각을 들킨 상대방은 깜짝 놀랄 것이다.

그녀의 머릿속 <u>회색 코끼리의 비밀</u>

준비물 없음

외국인을 만나 이 마술을 해 보세요! 똑같은 답이 나올 확률이 99%입니다.

Trick 1
상대방에게 2부터 9까지 숫자 중에 하나를 생각하도록 한다. 그리고 그 숫자에 곱하기 9를 하라고 말한다.

Trick 4
그 숫자에 알파벳과 숫자를 연결시켜 연상하도록 한다. A=1, B=2, C=3, D=4, E=5, F=6……. 숫자의 결과가 무조건 5이기 때문에 알파벳 결과 역시 항상 'E'

Trick 3
나온 결과에 빼기 4를 하도록 하는데 이 결과 역시 무조건 5가 된다.

Trick 2
두 자리 숫자가 나오면 십의 자리와 일의 자리를 더하게 하는데 이때 마음속으로 어떤 숫자를 생각했든 결과는 '9'가 나오게 된다.

Trick 5
상대방에게 "당신이 생각한 알파벳으로 시작하는 네 발 달린 동물을 생각하세요." 하고 말한다.

Trick 6
잠시 고민하는 척 시간을 좀 끈다. 상대방의 마음을 읽는 듯한 눈빛을 보내는 것도 중요하다.

Trick 7
"당신이 생각한 알파벳은 티! Elephant입니다. 맞나요?" 'E로 시작하는 네 발 달린 동물' 하면 대부분 코끼리를 답할 것이다.

 꼭 체크해야 할 비법
가끔 독수리(Eagle)가 나오는 경우가 있기 때문에 꼭 네 발 달린 동물이라고 얘기하세요!

당신의 혈액형은?

♣ 숫자마술 ② ♣

♥ 1089, 어떤 의미의 숫자일까? 정답은 '아무 의미 없음'이다. 하지만 이 숫자에 많은 의미를 부여하게 되면 그 순간 의미 있는 숫자가 된다. 즉 B형이 좋아하는 숫자, 쌍커풀이 없는 사람이 좋아하는 숫자, 고기를 잘 먹는 사람들이 좋아하는 숫자……. 어떤 것도 좋다. 그녀에 대해 궁금하다면 1089라는 숫자에 의미를 부여해 보자.

전부터 궁금했는데, 당신의 혈액형은 뭐죠?

1 메모지와 펜을 준비한다. 혈액형을 물어본다.

2 상대방이 말하는 혈액형을 듣고 생각하는 척한다. "제가 혈액형 O형이 좋아할 만한 숫자를 적어 놓을게요."

3 상대방에게 원하는 숫자 세 자리를 적도록 한다. 적은 세 자리 숫자를 거꾸로 적게 한 후 높은 숫자에서 낮은 숫자를 빼도록 한다. 832를 적는다면 832을 거꾸로 한 238, 즉 832-238을 하면 된다.

4 나온 답을 다시 거꾸로 적은 뒤 이번에는 덧셈을 한다. 594이라면 495가 되니 594+495를 하면 된다. "당신의 답은 1089이군요. O형이 주로 생각하는 숫자는 바로 1089입니다." 하며 메모지를 펼쳐 보여 주면? 상대방이 적은 답과 같다는 것을 확인할 수 있다.

당신의 혈액형의 비밀

준비물 종이, 펜

계산이 틀리지 않도록 천천히 진행해 주세요. 휴대전화의 계산기를 이용하게 해도 됩니다.

Trick 1
상대의 궁금했던 점, 예를 들어 혈액형이나 좋아하는 장소, 스포츠 등을 물어본다.

Trick 2
대답을 들은 뒤, 생각 하는 척하며 상대방이 보지 못하도록 메모지에 '1089'를 써 둔다. 질문과 상관없이 결 과는 무조건 1089이기 때 문이다.

Trick 3
상대방에게 백 단위 의 세 자리 숫자 중 아무 숫 자를 적은 후 그 숫자를 다시 거꾸로 바꾸고 높은 수에서 낮은 수를 빼게 한다.

Trick 4
나온 숫자를 다시 거꾸로 바꾼 후 서로 더하게 한다.

Trick 5
더한 결과는 1089이 다. 어떤 경우이든 결과는 무조건 1089가 나온다.

Trick 6
"당신의 결과는 무엇 인가요?" 하고 물어보면 상 대방은 1089라고 할 것이다.

Trick 7
"우리의 마음이 통 했는지 한 번 확인해 볼까 요?" 하며 종이를 펼쳐 보여 주면 정확히 '1089'라고 적혀 있다.

 꼭 체크해야 할 비법
88쪽 '타 버린 종이가 말해 주는 진실'의 기술을 사용해도 효과 만점! 종이를 태운 재로 팔에 1089를 써서 보여 준 다면 상대는 더욱 신기해하겠지요?

신비의 숫자 22466

♠ 숫자마술 ③ ♣

네 자리의 숫자 다섯 개를 눈 깜짝할 사이에 암산으로 셈을 해 맞출 수 있다면 당장에 TV 프로그램에 나가도 손색이 없을 정도로 뛰어난 사람일 것이다. 그런데 여기에 하나 더! 네 자리의 숫자를 모르는 상황에 예측까지 한다면 더더욱 놀랄 일이다. 이제 TV에 나올 만한 숫자 맞히기 게임을 해 보자.

이 종이봉투 안에 예언된 숫자가 들어 있습니다.

1 미리 예언한 숫자를 써 봉투에 넣었다고 이야기한다.

2 그리고 종이에 네 자리 숫자를 써 놓는다.

3 이어서 상대방과 번갈아 가며 무작위로 네 자리 숫자 총 다섯 개를 적은 후 계산기를 이용해 모두 더한다.

4 정말 아무 숫자나 불렀을 뿐인데 미리 써 둔 답과 정확히 일치한다.

신비의 숫자 22466의 비밀

준비물 종이, 펜, 봉투

Trick 1 이 마술의 답은 항상 22466이 나오게 되어 있다. 때문에 봉투 속에 미리 '22466'이라는 숫자를 적은 종이를 넣어 둔다.

Trick 2 22466이라는 숫자의 비밀은 바로 첫 번째 숫자인 2468에 있다. 생각하는 척 '2468'을 먼저 말한 뒤, 상대방에게 네 자리 숫자를 이야기하게 한다.

Trick 3 상대방이 숫자를 부르고 난 뒤에는 마술하는 사람이 다시 숫자를 써 넣어야 한다. 이때 상대방이 부른 2324와 더해서 9999가 될 수 있도록 해야 하는데 가장 쉬운 방법은 각 자리를 더해 9가 나오도록 적어 넣으면 된다. 예를 들어 상대방이 3567을 불렀다면 3+**6**=9, 5+**4**=9, 6+**3**=9, 7+**2**=9 이므로 6432를 적어 넣으면 된다.

Trick 4 다음 숫자도 마찬가지로 상대방이 아무 숫자나 부르게 한 뒤 그 숫자와 더해서 9999가 되는 숫자를 써 주면 된다.

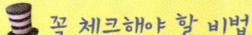

🎩 **꼭 체크해야 할 비법**
짧은 시간 안에 상대방의 숫자와 더해서 9999가 되는 숫자를 계산해 내는 것이 포인트! 오래 걸리면 상대방이 눈치챌 수도 있습니다.

Trick 5 이렇게 2468을 제외한 나머지의 네 개의 숫자 합은 항상 9999+9999=19998이 된다. 여기에 2468을 더해주면 22466이 되는 것이다.

내 생각을 훔쳐간 남자!

❀ 예언마술 ❀

❤ 그녀의 첫사랑은 언제일까? 그녀가 지금 먹고 싶은 음식은 무엇일까? 그녀의 모든 것이 궁금할 때 아무런 의심 없이 물어볼 수 있는 예언마술이다. 이제 그녀의 생각을 정정당당히 훔쳐 보도록 하자!

이제부터 당신의 생각을 한번 훔쳐 볼까요?

1 같은 모양의 종이 세 장을 준비한다.

2 상대방의 표정을 본 뒤, 첫 번째 종이에 무엇인가를 쓰고 종이를 접는다. 그리고 상대방에게 "당신이 첫사랑을 만난 곳은 어디인가요? 제가 이 종이에 썼습니다. 말해 주세요."

3 두 번째 종이에 고민하면서 또 무엇인가를 쓰고 물어본다. "남자친구를 처음 사귀었을 때가 언제인가요? 제가 당신의 얼굴을 보고 두 번째 종이에 미리 써 놓았습니다. 말해 주세요."

4 마지막 종이에는 "너무 개인적인 것을 물어보는 것 같으니까 마지막은 당신의 나이를 여기에 쓸게요." 하고 말한 뒤 종이를 접는다.

5 상대방이 세 장의 종이를 펼쳐 보면 지금까지 상대방의 비밀스러운 대답이 그대로 적혀 있다.

예언마술의 비밀

Trick 1 세 장의 종이에 미리 정답을 적어 두는 예언마술이다. 이때 상대방의 나이와 같은 한두 개의 정보는 미리 알아 두는 것이 중요하다.

Trick 2 첫 번째 종이에 상대방의 나이를 쓰고 종이를 접는다. 그리고 첫사랑을 만난 장소가 어디냐고 묻는다. 대답을 듣고 첫 번째 종이에 그것을 적은 듯한 연기를 한다.

Trick 3 두 번째 종이에는 첫사랑의 장소를 적은 뒤, 종이를 접고 내려놓으면서 남자친구를 처음 사귄 때가 언제이냐고 물어본다. 이런 식으로 대답이 하나씩 밀린다.

Trick 4 마지막 종이에는 남자친구를 처음 사귄 나이를 상대방이 보이지 않게 적은 뒤, "음……. 다 물어보기 힘드니까 당신의 나이를 여기에 쓸게요." 하고 말한다. 상대방의 나이는 물론 첫 번째 종이에 적혀 있다.

Trick 5 종이를 잘 섞은 다음에 순서에 상관없이 한 장씩 펼친다.

Trick 6 종이 속의 답이 하나씩 공개되는 순간 상대방은 자신의 답이 모두 적혀 있는 것에 신기해할 것이다.

> 마술은 연기력이 50%, 손기술이 50%라고 하지만 이 마술은 연기가 100%입니다. 고민하는 척 연기를 하며 정답을 적으면 효과 만점!

🎩 **꼭 체크해야 할 비법**
답을 적을 때는 상대방이 보지 않게 적어야 합니다.

찢어진 종이 속 숫자는?

❦ 숫자 맞추기 마술 ❦

그녀에 대해 궁금한 점을 숫자로 알아보자. 사귄 남자친구의 수, 첫키스를 한 나이 등 숫자로 표현할 수 있는 모든 것을 마술에 기대어 하나씩 알아 가는 재미가 그만일 것이다. 하지만 너무 노골적인 질문은 좋지 않은 분위기를 이끌 수 있으니 주의하자.

결혼하고 싶은 나이를 써 주세요

1 한 장의 종이에 원을 그린 후 상대방에게 건넨다.

2 "결혼하고 싶은 나이는 몇 살이에요? 이 종이에 써 주실래요?" 하고 말하고는 고개를 돌려 보지 않는다.

3 "내게 보이지 않도록 종이를 잘 접어 줘요."

4 받은 종이를 잘게 찢은 후 휴지통에 버린다.

5 상대방에게 "당신이 결혼하는 상상을 해 보세요! 그럼 당신이
결혼하고 싶은 나이를 제가 맞춰 보도록 할게요!" 하고 말하며
고민한다.

6 상대방이 생각하는 동안 당신은 그녀를 지긋이 바라보며 말한
다. "33살……. 내년에 결혼하고 싶군요! 저도 내년에 결혼하
고 싶은데……." 자신의 속마음을 들킨 상대방은 깜짝 놀랄 것
이다.

준비물 : 종이, 펜

Trick 1 종이를 두 번 접는다. 그리고 원을 그린 후 상대방에게 건네준다. 상대방에게 궁금했던 점을 질문하고 원 안에 대답을 쓰게 한다.

Trick 2 상대방이 숫자를 적으면 "내게 잘 보이지 않도록 접어 주세요." 하고 말한다.

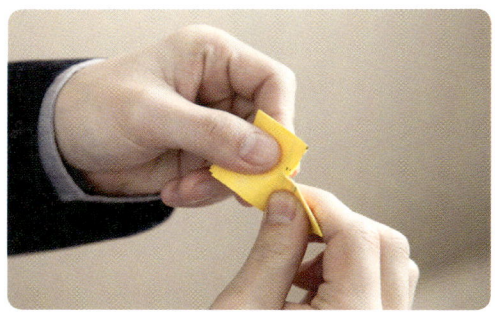

Trick 3 상대방에게서 종이를 받아 보지 않고 잘게 찢는다. 이때 희미하게 보이는 동그라미 부분은 찢어지지 않도록 주의한다.

Trick 4 찢은 종이를 휴지통에 버리면서 동시에 찢지 않은 동그라미 부분은 손바닥에 잘 숨겨 주머니에 넣거나 무릎 위에 떨어뜨린다.

Trick 5 앞서 던진 질문에 대해 이런저런 대화를 하며 상대방이 눈치채지 못하도록 숨겨 둔 종이를 펼쳐 본다. 그리고 상대방에게 답을 이야기한다.

상대방에게 정말 궁금한 질문을 하세요. 그녀를 알아 가는 재미가 쏠쏠합니다.

🎩 **꼭 체크해야 할 비법**
숫자가 상하지 않도록 종이를 찢는 것이 중요하겠지요?

마술사 최현우에게 물어봐!

마술을 시작하게 된 계기는 무엇인가요?

사실 저는 마술을 하기 전까지 사람들 앞에 서는 것조차 부끄러울 정도로 내성적이었습니다. 그 점이 큰 고민이기도 했고요. 고등학교 시절 우연히 들렀던 마술 용품점에서 마술을 하는 사람을 보았습니다. '어떻게 한 거지?' 눈앞에서 펼쳐지는 믿지 못할 광경에 빠지게 되었고 많은 사람에게 관심을 받는 마술사의 모습을 보고 나도 마술을 하면 사람들이 나에게 관심을 보이지 않을까 하는 생각이 들었습니다. 그렇게 취미로 시작한 마술이 제 말문을 조금씩 열어 주었고 성격도 완전히 바뀌게 되었습니다. 무엇보다 저 자신의 매력을 발견하게 되었고 자신감을 얻게 되었습니다. 그리고 이렇게 마술 쇼를 펼치는 무대에까지 서게 되었지요.

제가 마술을 통해 변하고 새로운 저의 모습을 발견한 것처럼 여러분도 마술을 통해 여러 가지 새로운 경험을 하게 되시길 바랍니다. 특별한 장치 없이 어디에서나 할 수 있는 마술로 지겨운 일상에서 벗어나는 유쾌한 시간을 즐기다 보면 분명 마술에 푹 빠지고 말 것입니다.

10

신나는 클럽 데이!

여심을
흔들어라!

Episode #10

나와 윤서. 지석과 연지.

우리는 커플이 됐다.

올 초만 해도 '사랑은 남 얘기'라며

지석과 난 매일같이 술잔을 기울이며 신세 한탄을 하기 일쑤였는데

이젠 커플 모임도 가끔 갖게 되었다.

우리 넷은 성격도 다르고 나이 차도 있지만

모이면 시간 가는 줄 모른다.

어느 금요일 밤 우리 넷은 자연스럽게 클럽을 찾았다.

쿵쾅쿵쾅♪ ♩ ♬

입구부터 울려 퍼지는 음악!

내 가슴도 쿵쾅쿵쾅 터질 것 같았다.

음악 소리 때문이 아니었다.

평소와 다른 윤서의 또 다른 매력이 내 가슴을 울리고 있었다.

스테이지에서 내려온 그녀⋯⋯.

나는 기다렸다는 듯 그녀를 이끌고 테이블로 데려갔다.

사랑은 열려 있는 마음의 입구만이 아니라 굳게 닫힌 마음의 입구도 찾아 낸다.

-- 프랜시스 베이컨

나타났다 사라지는 담배

♣ 담배 마술 ① ♣

♥ 신나는 주말에 그녀와 함께 찾은 클럽. 가슴까지 쿵쾅쿵쾅 울려 대는 음악 소리에 취하고, 흥겨운 사람들의 모습에 취한다. 음악에 몸을 흔들고 가쁜 숨을 몰아쉬는 그녀. 잠시 자리에 앉아 술 한 잔을 하며 그녀의 시선을 사로잡아 본다.

자, 콧속에 담배를 한번 넣어 볼게요!

1 주머니에서 담배 하나를 꺼내 든다. "여기 담배가 하나 있습니다!"

2 담배 끝을 콧구멍에 끼워 넣고 콧속에 담배를 넣겠다고 이야기한다.

3 코 안으로 사라진 담배! "어머! 콧속으로 정말 담배가 들어간 거예요?"

4 상대방이 신기해할 때, 오른손을 들어 올리며 이야기한다. "콧속으로 들어간 담배는요!"

5 "짠~! 여기로 나왔습니다!" 오른손 끝에서 담배가 나타난다.

6 "자, 그럼 이번에는 담배가 어떻게 되는지 보세요!" 오른손에
  있던 담배를 왼손으로 가져간다.

7 그런데 순간 어느 손에서도 담배가 보이지 않는다! "요술 같은
  담배죠? 이번엔 요 녀석이 어디에서 나타날까요?"

8 팔꿈치를 들며 팔꿈치에서 담배를 꺼내 든다. "제 마음대로 사
  라졌다 나타나는 담배 마술이었습니다!"

나타났다 사라지는 담배의 비밀

준비물 담배 한 개비

담배는 그대로 있고 손만 코 쪽으로 미끄러지듯 이동한다.

Trick 1 왼손으로 담배 끝을 콧구멍에 갖다 댄다.

Trick 2 마치 담배가 들어가는 것처럼 손을 미끄러지듯 코 쪽으로 이동시켜 손으로 담배를 완전히 가린다. 정말 코에 들어가는 것처럼 아픈 표정을 짓는다.

Trick 3 담배를 자연스럽게 손 안에 숨긴다.

Trick 4 코가 아프다는 듯이 왼손으로 코를 만지며 상대방의 시선을 유도하면서 오른손을 자연스럽게 내리고 담배를 아래로 래핑한다. 바로 이어 양손을 피면서 담배가 사라진 것을 확인시킨다.

Trick 5 오른손으로 테이블 밑의 담배를 담배 팜으로 숨기고 오른쪽 위로 올린다. 담배가 안 보이도록 손을 측면이 보이게 들어 올린다.

Trick 6 담배 팜은 엄지 끝부분과 새끼손가락 아래의 손바닥 부분을 이용해 담배가 보이지 않도록 가리는 기술이다.

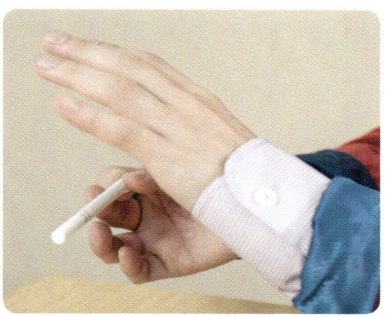

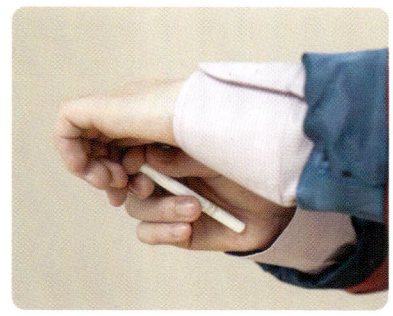

Trick 7 오른손 중지를 담배 안쪽으로 집어 넣고 밖으로 밀어내며 살짝 퉁겨 낸다. 그리고 재빠르게 엄지와 검지로 담배 끝을 잡는다. 상 대방은 사라졌던 담배가 나타났다고 생각한다.

Trick 8 오른손에 쥔 담배를 왼손이 쥐려는 척하며 담배를 가린다.

Trick 9 동시에 오른손 중지로 담배를 당겨 와 완전히 숨긴다.

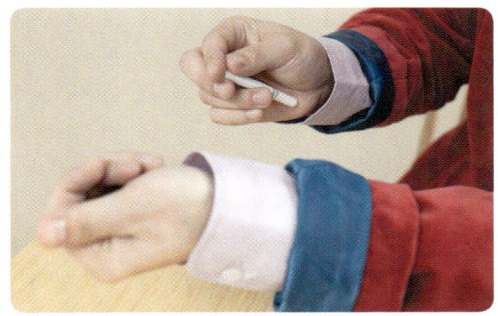

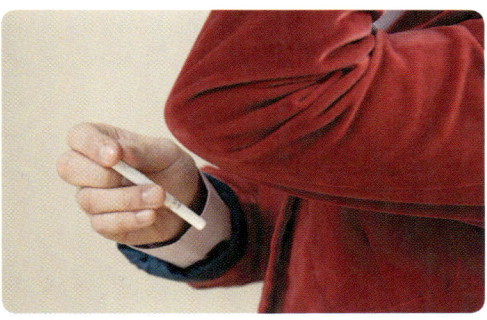

Trick 10 왼손으로 오른손의 담배를 가져온 척한다. 엄지 와 검지는 담배를 쥔 것처럼 살짝 들어 준다.

Trick 11 왼팔 팔꿈치를 들어 올리고 오른손을 팔꿈치 쪽 으로 갖다 댄다.

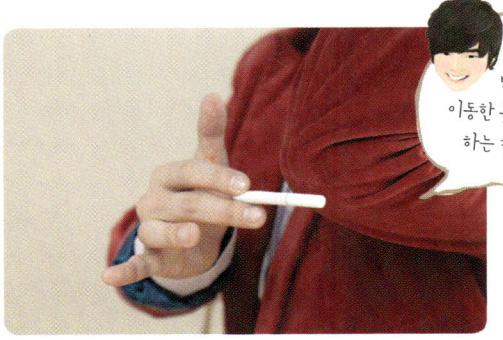

담배를 빠르게 밖으로 밀어내 순간 이동한 듯 한 번에 나타나게 하는 것이 중요합니다.

Trick 12 담배를 중지로 밖으로 밀어내 나타나게 한다. 상 대방은 팔꿈치에서 담배가 나타났다고 생각한다.

🎩 꼭 체크해야 할 비법
담배 팜을 했을 때 뒤에 사람이 없는지 확인해 주세요.

담배에 그려진 살아 있는 점

♣ 담배 마술 ② ♣

♥ 조명도 무대도 그녀의 옷도 화려한 클럽의 분위기 속에서 복잡한 마술을 펼치면 마술의 효과가 반감될 수 있다. 점이 나타났다 사라졌다 하는 담배 마술은 이런 분위기 속에서도 충분히 집중하며 즐길 수 있는 간단한 마술이다.

겨드랑이에 담배를 넣으면 점들이 살아 움직이니 잘 보세요~

1 담배 끝에 점이 한 개씩 그려진 담배 두 개비를 상대방에게 보여 준다. "제가 담배에 좀 장난을 쳤습니다. 잘 봐 주세요!"
2 왼쪽 담배 끝을 상대방의 겨드랑이에 살짝 넣었다 뺀다.

3 앗! 겨드랑이에 가져갔던 담배에서 점이 사라졌다! "어! 점이 어디 갔을까요?
4 오른쪽 담배도 상대방의 겨드랑이에 살짝 넣었다 뺀다.

5 빼 낸 담배에는 정확히 두 개의 점이 있다. "어, 아까 사라진
   점이 이 담배로 옮겨 왔네요!"
6 두 개의 담배를 교차해 톡톡 쳐 준다.
7 그러자 다시 오른쪽 담배의 점이 하나 왼쪽 담배로 이동했다!
   이제 담배에는 점이 한 개씩 공평하게 그려져 있다.

준비물 담배 두 개비, 펜 한 개

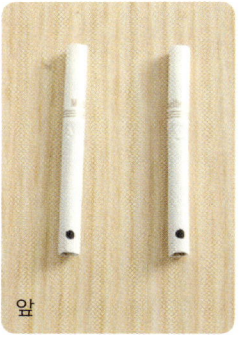

앞   뒤

손을 회전시키며 담배도 동시에 굴려 담배의 앞면만 보이게 한다.

Trick 1 상대가 보지 않도록 미리 담배 두 개에 펜으로 점을 그려 넣는다. 하나의 담배에는 앞에 점을 하나 그리고 뒤에는 그리지 않는다. 또 다른 담배에는 앞에 점을 하나, 그리고 뒤에는 두 개의 점을 그린다.

Trick 2 양손 엄지와 검지로 담배를 하나씩 든다. 엄지가 위에 오도록 들었다가 담배의 뒷면을 보여 주는 척 검지가 위로 향하게 손을 회전시키면서 담배를 안쪽으로 살짝 굴린다. 그리고 앞면을 다시 보여 주는 척 손을 회전시키며 담배를 바깥쪽으로 살짝 굴린다.

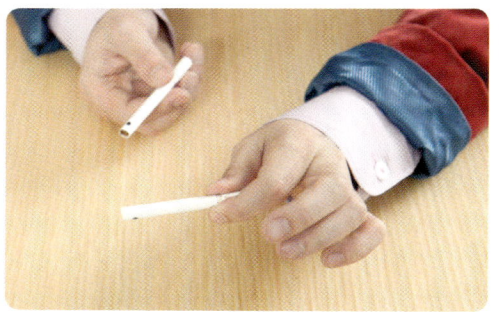

Trick 3 왼손의 담배를 상대방의 겨드랑이에 넣었다가 엄지와 검지를 살짝 돌려 점이 없는 뒷면을 보여 준다. "당신의 옷에 담배에 묻은 점을 좀 닦아 냈습니다. 괜찮죠?"

Trick 4 이번에는 오른손의 담배를 상대방의 겨드랑이에 넣었다가 빼면서 담배를 살짝 돌려 점이 두 개인 뒷면을 보여 준다.

Trick 5 다시 양손의 엄지와 검지를 잘 돌려 앞면을 다시 보여 준다. 한쪽은 두 개였던 점이 한 개로 줄고, 다른 한쪽에는 없어졌던 점 한 개가 나타난다.

얇은 담배는 마술하기가 힘드니 적당한 담배를 미리 준비하는 것이 좋겠지요?

🎩 **꼭 체크해야 할 비법**
엄지와 검지의 움직임을 최소화하는 것이 포인트!

사라진 담배와 동전은 어디로?

♣ 담배·동전 마술 ♣

♥ 물건이 사라지는 마술은 언제 봐도 늘 신기하다. 뿐만 아니라 '어디로 갔을까? 어디에서 다시 나올까?' 하는 기대 심리 때문에 보는 사람은 더욱 집중하게 된다. 시끄럽고 산만한 장소에서 그녀가 당신만을 바라보게 하는 새도 마술을 배워 보자!

1 담배와 동전을 상대방에게 보여 준다.

2 "이 담배를 이용해 동전을 사라지게 해 볼게." 하고 말하며 주문을 걸듯 오른손에 쥔 담배로 동전을 쥔 왼손을 톡톡 두드린다.

3 이어서 담배를 위아래로 휘두르니 갑자기 담배가 사라졌다!

4 어설픈 미소를 지으며 귀 뒤에 얌전히 꽂혀 있는 담배를 보여 준다. 상대방은 팔을 올리면서 귀 뒤에 담배를 꽂은 것을 알아채고 어이없는 웃음을 터트릴 것이다.

5 담배를 귀 뒤에서 꺼내 다시 담배로 동전을 두드린다. 앗! 이
   번엔 왼손에 쥐고 있던 동전이 사라졌다.

6 가지고 있던 담배를 입으로 가져가는 순간, 담배도 사라졌다.
   동전도 담배도 모두 사라지는 황당한 마술!

7 게다가 이번엔 발 뒤꿈치 쪽에서 담배가 나타난다. "어떻게 감
   쪽같이 물건들을 사라지게 하는 거죠?"

사라진 담배와 동전의 비밀

준비물 담배 한 개비, 동전 한 개

Trick 1 왼손에는 동전을, 오른손에는 담배를 들고 말한다 "지금부터 동전이 사라지는 마술을 보여 드릴게요." 마술 지 팡이처럼 담배를 휘두르며 동전 쥔 손을 톡톡 건드려 준다.

Trick 2 담배를 휘두르는 척하다 담배를 슬쩍 귀 뒤로 가 져간다.

Trick 3 담배를 슬쩍 귀에 꽂으며 "어! 담배가 사라졌네요! 그럼 동전도 사라졌을까요?" 하고 말한다.

Trick 4 하지만 왼손 안의 동전은 그대로 있다!

귀 뒤에 담배가 자연스럽게 꽂히도록 여러 번 연습해야겠지요?

Trick 5 멋쩍은 듯 옆으로 돌며 귀에 꽂은 담배를 보여 준 다. 상대방이 담배에 시선을 빼앗겼을 때 담배를 빼면서 동 시에 왼손의 동전을 주머니에 슬쩍 넣는다.

Trick 6 담배를 잡고 왼손 위로 가져간다. 담배에 시선을 빼앗겼던 상대방은 동전이 사라지자 어리둥절해진다.

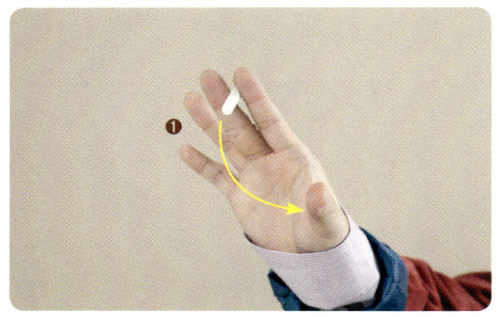

Trick 7 담배를 피려는 척 담배를 검지와 중지로 잡고 입으로 가져간다. 이때 입 쪽으로 손을 가져가며 손가락을 구부리며 담배의 안쪽 끝을 엄지의 맨 아래 마디에 댄다.

Trick 8 엄지와 검지를 붙여 사진과 같이 담배를 잡는다.

Trick 9 손등만을 보게 되는 상대방은 담배가 사라진 것으로 생각한다.

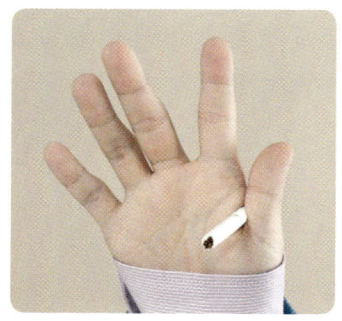

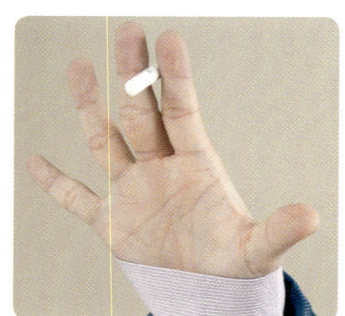

Trick 10 숨긴 담배를 중지와 검지로 잡아 올려 상대방에게 사라졌던 담배가 나타나는 모습을 보여 준다.

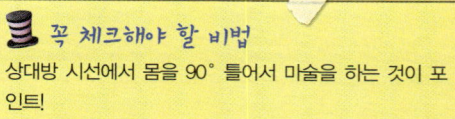

🎩 **꼭 체크해야 할 비법**
상대방 시선에서 몸을 90° 틀어서 마술을 하는 것이 포인트!

홍길동 같은 동전들

♣ 동전 마술 ① ♣

♥ 담배와 동전이 사라지는 마술을 익숙하게 선보였다면 다음은 난이도를 조금 높여서 이리저리 움직이는 홍길동 같은 동전 마술을 연출해 보자. 여섯 개의 동전이 갑자기 순간 이동한다면 그녀는 춤을 추던 때보다 훨씬 더 흥분한 표정을 지을 것이다.

> 이제부터 동전들이 반대쪽 손으로 순간 이동합니다! 얍

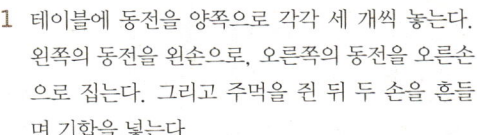
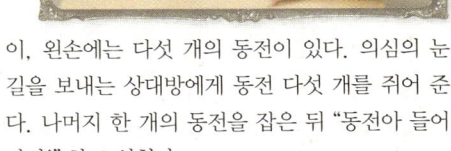

1 테이블에 동전을 양쪽으로 각각 세 개씩 놓는다. 왼쪽의 동전을 왼손으로, 오른쪽의 동전을 오른손으로 집는다. 그리고 주먹을 쥔 뒤 두 손을 흔들며 기합을 넣는다.

2 손을 펴 보니 오른손에는 두 개의 동전이, 왼손에는 네 개의 동전이 있다! 다시 주먹을 쥔 뒤 두 손을 흔들며 기합을 넣는다.

3 다시 손을 펴 이번에는 오른손에는 한 개의 동전

이, 왼손에는 다섯 개의 동전이 있다. 의심의 눈길을 보내는 상대방에게 동전 다섯 개를 쥐어 준다. 나머지 한 개의 동전을 잡은 뒤 "동전아 들어가라!" 하고 외친다.

5 과연 이번에도 순간 이동을 했을까? 상대방의 손을 펴 보니 여섯 개가 몽땅 쥐어져 있다! 도대체 너희들은 어디서 날아왔니?

홍길동 같은 동전들의 비밀

Trick 1 여섯 개의 동전을 2열로 놓고 오른손에 한 개의 동전을 클래식 팜으로 손바닥에 숨긴다.

Trick 2 오른손을 이용해 왼쪽의 동전들을 왼손 위에 놓는데 세 번째 동전을 옮길 때 오른손에 숨긴 동전 한 개를 함께 놓으며 동전이 안 보이게 주먹을 쥔다.

Trick 3 오른쪽 동전 세 개를 오른손으로 집고 손을 펴 상대방에게 확인시키며 동전 한 개를 손바닥 중앙에 놓는다. 그리고 주먹을 쥐는데 한 개의 동전은 클래식 팜으로 고정하고 두 개의 동전은 엄지와 검지로 쥔다.

Trick 4 동전을 쥔 두 손에 기합을 준 뒤 오른손의 클래식 팜으로 숨긴 동전만을 제외한 모든 동전을 내려놓는데 오른쪽엔 두 개, 왼쪽엔 네 개의 동전이 놓이게 된다.

Trick 5 오른손으로 왼쪽의 네 개의 동전을 집어 왼손 위에 놓으면서 클래식 팜으로 숨겼던 동전을 함께 놓는다. 따라서 왼손에 있는 동전의 개수는 총 다섯 개!

Trick 6 오른손으로 오른쪽의 두 개의 동전을 집는다. 손을 펴 동전을 보여 주는 척하며 한 개의 동전은 손바닥 가운데에 위치시키고 클래식 팜으로 잡는다.

Trick 7 오른손에 클래식 팜으로 숨긴 동전을 제외하고 동전을 내려놓는다. 한 개와 다섯 개의 동전이 나타나자 상대방은 깜짝 놀란다.

Trick 8 왼쪽의 다섯개의 동전을 왼손에 놓는데 이때 한 개의 동전을 핑거 팜 위치에 놓이게 한다.

Trick 9 핑거 팜으로 한 개의 동전을 숨긴 뒤, 네 개의 동전을 오른손으로 옮긴다. 그러면 왼손에 숨긴 동전까지 합해 다섯 개가 된다.

Trick 10 오른손의 다섯 개의 동전을 왼손으로 옮긴다. 그러면 왼손에는 핑거 팜되었던 동전까지 여섯 개의 동전이 놓이게 된다. 이 여섯 개의 동전을 상대방의 손에 쥐어 준다. 상대방은 다섯 개의 동전을 쥔 것으로 생각하게 된다.

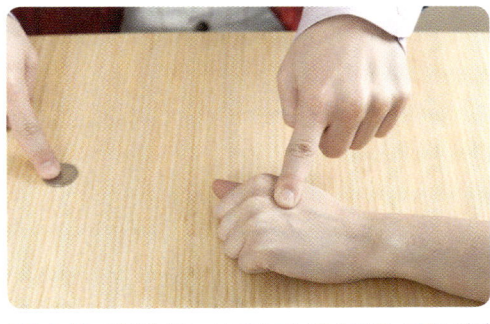

Trick 11 바닥에 있는 나머지 하나의 동전은 오른손바닥 전체로 자연스럽게 바닥을 쓸면서 당겨 와 탁자 끝에서 래핑하여 떨어뜨려 준다. 떨어뜨리는 순간 오른손 검지와 엄지로 동전을 잡은 것처럼 손모양을 만들며 들어 올린다. 그리고 왼손으로 옮기는 척하다 손을 펴고 마치 동전이 사라진 것처럼 연기한다.

클래식 팜과 핑거 팜을 자유자재로 쓸 수 있도록 연습을 많이 해야겠죠?

Trick 12 상대방의 손을 펴게 하여 동전의 개수를 확인한다. 동전의 개수는 여섯 개! "홍길동에 버금가는 동전들의 깜짝 마술이었습니다!"

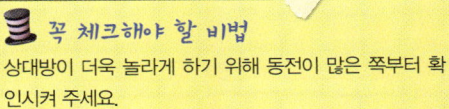

🎩 **꼭 체크해야 할 비법**
상대방이 더욱 놀라게 하기 위해 동전이 많은 쪽부터 확인시켜 주세요.

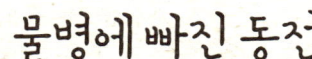

물병에 빠진 동전

♣ 동전 마술 ② ♣

♥ 신나게 춤을 춘 그녀가 물을 마시고 숨을 고르는 사이에 물병을 이용한 동전 통과 마술을 선보이자.
물병을 통과해 들어간 동전 때문에 물병 속 물은 마실 수 없지만 세상 그 어떤 물병보다 신기한 물병
이 될 것이다.

1 "제가 이 손바닥 위의 동전을 사라지게 할게요! 잘 보세요!" 하
고 말한다.

2 주먹을 쥐고 주문을 건다. "동전아! 없어져라! 얍!"

3 그러나 손바닥 안의 동전은 그대로 있다.

앗! 동전이 병을 뚫고 속으로 들어갔네요?

4 당황하며 물병을 들고 이야기 한다. "흠흠. 제가 더 신기한 것 보여 드릴게요!"

5 동전을 쥐고 있던 손바닥 위로 힘껏 물병을 내리친다.

6 "퍽!" 소리와 함께 동전이 물병 속으로 쏘~옥 들어가 버렸다! 물병에 구멍도 없는데 어떻게 들어갔을까?

준비물 물이 든 물통 한 개, 동전 두 개

Trick 1 물이 어느 정도 차 있는 물병을 준비하고 미리 동전을 넣어 둔다. 그리고 상대방의 관심을 끌지 않도록 한쪽에 잘 치워 둔다.

Trick 2 "이 동전이 제가 주먹을 쥐었다 펴면 사라집니다." 하고 관심을 유도한다. 하지만 동전은 절대 사라지지 않는다.

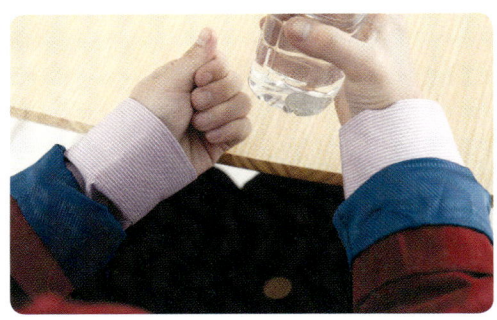

Trick 3 상대방의 실망한 표정을 살핀 뒤 오른손으로 물병을 잡는다. 이때 동전을 쥔 왼손은 오른손으로 슬쩍 가리며 무릎 위로 슬며시 떨어뜨린다. 그리고 동전을 쥐고 있는 것처럼 주먹을 쥔다.

Trick 5 동전을 가지고 있는 것처럼 주먹을 쥔 왼손에 물병을 들고 힘껏 내리친다.

Trick 6 둔탁한 소리와 함께 물병에 동전이 떨어진다. 이어서 왼손을 살며시 펴면 왼손의 동전이 물병 속으로 들어간 것처럼 보일 것이다.

🎩 **꼭 체크해야 할 비법**

물병 속 동전이 보이지 않도록 물병의 밑부분을 잡아 주세요. 물병을 손바닥에 내리칠 때 손을 펴는 것과 동시에 힘껏 내리쳐 진짜 동전이 안으로 뚫고 들어간 것처럼 연출하면 상대방은 정말 깜짝 놀라겠죠?

마술사 최현우에게 물어봐!

최현우의 매직 콘서트를 보면 매번 새로운 스토리와 마술들이 등장하는데 아이디어들은 어디서 얻나요?

조선시대 학자들이 아이디어를 가장 많이 얻는 장소는 세 곳이었다고 합니다. 바로 자기 전 침소 옆, 출타를 위해 타고 가는 말의 위, 그리고 화장실인데요. 저도 생활 곳곳 많은 장소에서 아이디어를 얻고 있습니다. 영화나 뮤지컬을 보며 얻기도 하고, 카페에서 음악을 듣거나 책을 읽으며 얻기도 합니다. 정말 한정된 장소가 아닌 많은 장소에서 시시때때로 우연하게 떠오르게 되는 것이 마술의 아이디어인 것 같습니다.

사실 훌륭한 작곡가들이 입을 모아 하는 말이 오랜 시간이 걸린다고 좋은 곡이 나오는 것은 아니라고 하더라고요. 마술도 마찬가지로 순간적으로 생각난 아이디어들이 어떤 때에는 놀라운 효과를 보이는 경우가 있기 때문에 마술의 아이디어를 위해 따로 시간을 내거나 특정 장소를 가는 경우는 거의 없습니다.

마술에 관심이 있는 분들이라면 상상력을 발휘해서 이 책에 나오는 마술들을 응용해 더욱 창의적인 마술로 변화시켜 보세요!

11

Propose

최고의 프러포즈

내 사랑을
받아줘!

Episode #11

D-day 2

반지를 구입했다.

나만의 그녀를 위해서…….

그녀가 좋아할까?

그녀가 내 마음을 알아줄까?

D-day 1

며칠 동안 윤서를 만나지 않았다.

회사 야근 때문에 바쁘다고 둘러대고선

'그녀만을 위한 시간'을 준비했다.

그리고 문자 한 통을 보냈다.

"내일 우리 집으로 올래?

네가 좋아하는 스파게티 만들어 줄게"

D-day

나는 오늘 윤서에게

고백할 것이다.

그녀를 위한

세상에서 가장 아름다운 마술 쇼.

지금부터 시작이다.

하나의 예술은 하나의 고백이며 모든 고백에는 감동과 아름다움이 내재되어 있다.

– 《감성사전》(이외수) 중

끊을 수 없는 실처럼 영원히 사랑해

❧ 촛불 & 실 마술 ❧

몇 날 며칠을 고민해 준비한 선물과 수백 번 지웠다 썼다를 반복해 만든 고백 멘트. 그리고 최고의 프러포즈를 위해 준비한 특별한 이벤트. 사랑하는 사람에게 고백하는 것만큼 세상에 아름다운 일은 없을 것이다. 이제 로맨틱 마술로 세상에서 하나밖에 없는 당신만의 프러포즈를 준비해 보자.

우리의 인연이 지금까지 이렇게 잘 이어져 왔는데 이 실처럼 쉽게 끊어진다면 절대 안 되겠지?

사랑해. 끊어지지 않은 실처럼 영원히 널 사랑할게~

1 촛불과 적당한 길이의 실을 준비한다.

2 실을 촛불을 이용해 4~5줄이 되게 끊는다.

3 끊어진 실들을 뭉쳐서 돌돌 만다.

4 "나는 우리의 인연은 아주 특별하기 때문에 쉽게 끊어질 수 없는 사이라고 생각해." 하고 말하며 돌돌 만 실뭉치에 입김을 한 번 '후~' 하고 불어넣는다.

5 실을 천천히 풀면 끊어졌던 실이 다시 하나로 연결되어 있다.

끊을 수 없는 실의 비밀은?

준비물 실타래 한 개, 초 한 개

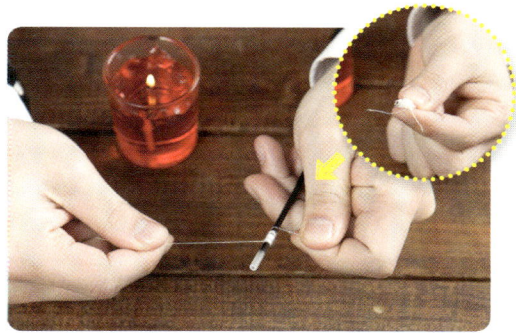

Trick 1 마술을 하기 전에 볼펜심이나 젓가락에 실을 칭칭 감은 후 감은 실을 빼 낸다.

Trick 2 빼 낸 실을 실타래 안에 숨겨 둔다.

Trick 3 실타래의 실을 풀어 촛불 위에 가져다 대어 적당한 길이로 끊고 다시 그 실을 네다섯 개가 되게 끊는다. 이때 실타래 안에 숨긴 실을 왼손 핑거 팜 위치로 떨어뜨린다.

Trick 4 끊어진 실들을 오른손 엄지와 검지로 잘 뭉친다. 이 실뭉치를 자연스럽게 왼손에 숨긴 실뭉치 쪽에 대고 뭉치는 척하며 한꺼번에 두 개의 실뭉치를 집어 올린다. 왼손의 엄지와 검지로 끊어지지 않은 실뭉치만 뭉치는 척하며 가져온다.

Trick 5 준비한 로맨틱한 멘트를 하며 상대방의 시선을 끊어지지 않은 왼손의 실뭉치 쪽으로 집중시킨다. 이때 끊어진 실뭉치를 무릎 위로 래핑한다. 실뭉치를 자연스럽게 잡은 뒤 입김을 한 번 '후~' 불어넣어 주고 실뭉치를 풀면 끝까지 이어진 실이 돌돌돌 풀려나온다.

마지막으로 실을 풀 때 한쪽 끝을 상대방에게 잡게 하세요. 그리고 준비한 반지를 실에 걸어 상대방에게로 보내 보세요. 이보다 훌륭한 프러포즈가 또 있을까요?

🎩 꼭 체크해야 할 비법
실타래에 넣은 끊어지지 않은 실이 꼬이지 않게 주의하세요.

당신은 나의 여왕!

♣ 카드 마술 ♣

♥ 간단한 도구지만 여러 가지 상황에 맞추어 다양한 마술을 펼쳐 보일 수 있는 것이 바로 카드 마술이다. 아무렇지도 않은 듯 평소와 똑같이 행동하다가 카드 마술을 이용해 고백해 보자. 기대하지 못한 상황에서 받은 프러포즈는 아마 그녀에게 평생 아름다운 추억으로 간직될 것이다.

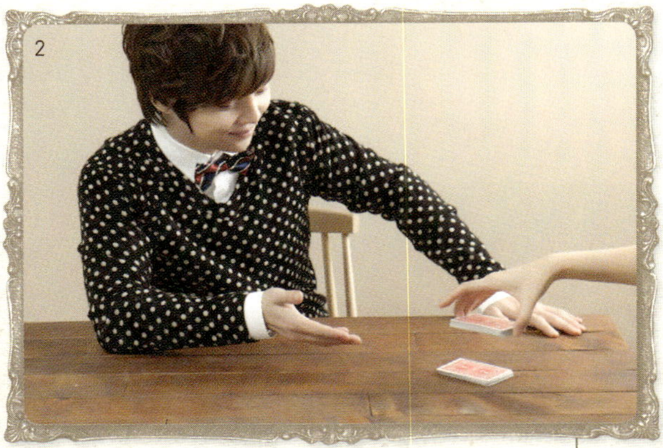

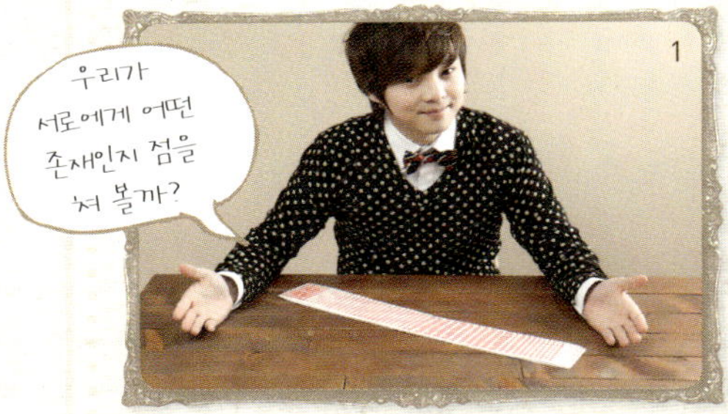

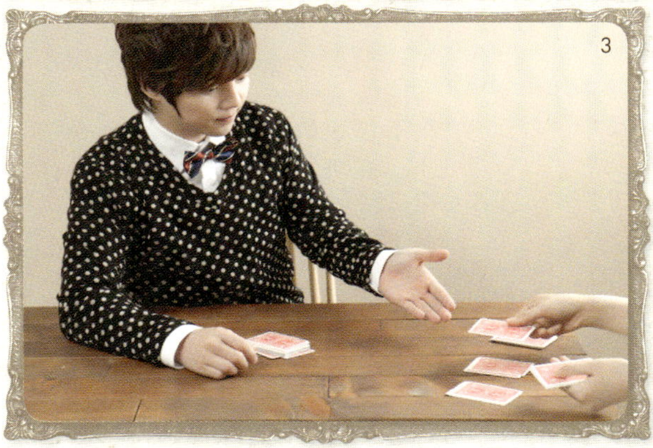

> 우리가 서로에게 어떤 존재인지 점을 쳐 볼까?

1. 카드를 바닥에 펼친다.
2. 잠시 고민하는 척하며 카드를 모은다. 그리고 상대방에게 반을 가져가게 한다.
3. 가져간 반을 양쪽에 한 장씩 번갈아 놓아 반으로 나누게 한다.

너를 평생 나의 공주,
나의 여왕으로 모실게.
허락해 줄래?

4 반으로 나눈 카드 뭉치를 각각 다시 양쪽에 한 장씩 번갈아 놓
게 한다. "한 장씩 한 장씩 헷갈리지 않게 잘 놓아야 해."

5 "잘 놓았지? 만약 실수가 있었다면 우리 사이에 엄청난 결과를
가져올 수도 있겠지만 난 너를 믿어.".

6 그리고 카드 네 뭉치의 맨 위 카드 한 장씩을 뒤집는다. 놀랍
게도 모두 퀸이다.

준비물 카드 한 세트

Trick 1 퀸 카드 네 장을 꺼내 카드의 맨 위에 세팅해 둔다. 이해를 돕기 위해 퀸 카드의 앞면이 보이도록 뒤집어 놓았다.

Trick 2 상대방에게 원하는 만큼 카드를 가져가 달라고 말한다.

Trick 3 상대방이 잡은 카드를 두 군데로 한 장씩 내려놓아 반으로 나누게 한다. 이때 상대방이 잡은 카드 맨 위의 네 장은 퀸 카드이므로 양쪽으로 한 장씩 놓았을 때 퀸 카드가 각각 맨 밑으로 두 장씩 깔리게 된다.

Trick 4 나뉜 카드를 각각 다시 두 군데로 한 장씩 내려놓아 반으로 나누어 달라고 이야기한다. 이때 상대방이 골고루 나눌 수 있도록 대화로 잘 유도한다.

Trick 5 사진처럼 맨 밑에 있던 퀸 카드는 맨 위로 올라오게 된다.

Trick 6 이제 맨 위에 놓인 카드들을 뒤집으며 고백을 한다. "너를 평생 나의 여왕으로 모실게! 허락해줘!"

종이를 카드에 붙여서 원하는 이야기를 나타나게 해도 됩니다. 예를 들면 '결, 혼, 해, 줘' 라는 글자를 써 놓으면 정말 훌륭한 고백이 되겠죠?

꼭 체크해야 할 비법
자칫 한쪽으로 카드가 몰리거나 두 장을 겹쳐 놓으면 원하는 결과가 나오지 않을 수 있으니 상대방을 적당한 대화와 격려로 잘 유도해 주세요.

마술사를 꿈꾸는 사람들에게 하고 싶은 말이 있다면?

제가 마술을 배우고 직업으로 선택한 시절에는 제 윗세대인 선배 마술사가 몇 분 계셨지만 젊은 사람은 극소수였습니다. 그만큼 마술사라는 직업이 사람들에게 인기가 있는 것도, 비전이 있는 직업도 아니었기 때문이죠. 그럼에도 제가 마술사라는 직업을 선택한 이유는 정말 마술이 좋았고 마술에 미쳤기 때문이었습니다. 하지만 요즘은 '많은 사람에게 알려지고 싶어서', '연예인이 되고 싶어서'라는 이유로 마술을 시작하는 분이 많은 것 같습니다. 그런 분들은 목적과 수단이 바뀌지 않았나 싶습니다. 프로 마술사가 되기 위해서는 혹독한 훈련을 거쳐야 합니다. 사람들에게 기쁨과 즐거움을 안겨 주는 마술이라는 장르를 사랑하지 않으면 그런 과정을 이겨 내기 어려울 것입니다. 마술을 사랑하고 최고의 공연 예술을 펼치겠다는 꿈을 가슴에 품는다면 프로 마술사의 길은 반드시 열릴 것입니다.

그리고 멋진 마술을 펼치기 위해서는 카드와 동전 등 마술도구들을 남들보다 더 많이 만지는 것도 중요하지만 노력해야 할 다른 부분도 많습니다. 얼마 전 고인이 된 스티브 잡스는 "소크라테스와 한 끼 식사를 할 수 있다면 자사의 모든 기술을 내놓을 수 있다." 하고 말했다고 합니다. 그만큼 철학과 소통하기를 원했던 것이겠지요. 미래의 마술은 인문학을 비롯한 다양한 분야와 결합된 퓨전 형태가 될 것입니다. 이를 준비하기 위해서는 독서를 비롯한 문화 체험을 게을리하지 말아야 합니다.

동전이 나타나는 이상한 종이

❀ 착시현상 마술 ❀

준비물 : 책 부록에 있는 원형 그림 한 장, 동전 한 개

1 책 부록에 있는 원형 그림 한 장과 동전 한 개
  를 준비한다.

2 오른손에 핑거 팜으로 동전 하나를 숨겨 둔다.

3 카드를 오른손 엄지와 검지로 잡고 한쪽 방향
  으로 원을 그리며 돌리면 착시현상 때문에 원
  안에 동전이 굴러가는 모습이 보인다. 이때 동
  전을 슬며시 떨어뜨리면 마치 종이에서 동전이
  나오는 것처럼 연출할 수 있다.

당신의 나이는?

♣ 나이 맞추기 마술 ♣

준비물 : 책 부록에 있는 숫자 카드

1	3	5	7	9	11
13	15	17	19	21	23
25	27	29	31	33	35
37	39	41	43	45	47
49	51	53	55	57	59

2	3	6	7	10	11
14	15	18	19	22	23
26	27	30	31	34	35
38	39	42	43	46	47
50	51	54	55	58	59

4	5	6	7	12	13
14	15	20	21	22	23
28	29	30	31	36	37
38	39	44	45	46	47
52	53	54	55	60	

8	9	10	11	12	13
14	15	24	25	26	27
28	29	30	31	40	41
42	43	44	45	46	47
56	57	58	59	60	

16	17	18	19	20	21
22	23	24	25	26	27
28	29	30	31	48	49
50	51	52	53	54	55
56	57	58	59	60	

32	33	34	35	36	37
38	39	40	41	42	43
44	45	46	47	48	49
50	51	52	53	54	55
56	57	58	59	60	

1 책 뒤편에 있는 여섯 개의 숫자 카드를 상대방에게 차례로 보여 주며 카드 안에 상대방의 나이가 있
는지 물어본다.

2 카드 안에 상대방의 나이가 있다고 하면 그 카드의 왼쪽 맨 위의 숫자를 기억해 모두 더한다.

3 첫 번째 카드와 네 번째 카드 그리고 다섯 번째 카드에 상대방의 나이가 있다고 하면 1과 8과 16을 더
하면 된다. 부록의 카드를 오려서 지갑에 넣고 다니면 언제든 상대방의 나이를 알아낼 수 있다.

움직이는 그림 속에 카드가 나타난다!

❧ 책으로 보여 주는 마술 ❧

준비물 : 《러브 매직》 한 권

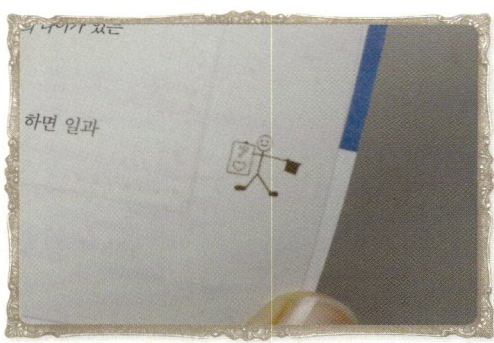

1 상대방에게 카드 한 장을 고르게 한다. 이때 카드 포스를 이용하여 하트 7 카드를 뽑게 한다. (24쪽 참조)

2 상대방이 카드를 확인하지 못하게 하고 책의 하단을 잡고 앞쪽부터 빠르게 넘기면 책 하단의 그림 속 마술사가 움직이며 카드 한 장을 꺼내 든다.

3 그림 속 마술사가 꺼내 든 하트 7 카드를 확인한 뒤 상대방이 뽑은 카드를 확인한다.

Magic tool

1	3	5	7	9	11
13	15	17	19	21	23
25	27	29	31	33	35
37	39	41	43	45	47
49	51	53	55	57	59

2	3	6	7	10	11
14	15	18	19	22	23
26	27	30	31	34	35
38	39	42	43	46	47
50	51	54	55	58	59

4	5	6	7	12	13
14	15	20	21	22	23
28	29	30	31	36	37
38	39	44	45	46	47
52	53	54	55	60	

8	9	10	11	12	13
14	15	24	25	26	27
28	29	30	31	40	41
42	43	44	45	46	47
56	57	58	59	60	

16	17	18	19	20	21
22	23	24	25	26	27
28	29	30	31	48	49
50	51	52	53	54	55
56	57	58	59	60	

32	33	34	35	36	37
38	39	40	41	42	43
44	45	46	47	48	49
50	51	52	53	54	55
56	57	58	59	60